Ulli Olvedi

Frauen um Freud

HERDER / SPEKTRUM

Band 4057

Das Buch

Freud hat Frauen nie verstanden. Er empfand sie als Rätsel. Zugleich brauchte er seine Schülerinnen als Vertraute. Doch auch sie brauchten ihn und seine Lehre, die sie weiterentwickelten und die ihnen – in aller Ambivalenz – ein Stück Selbstbefreiung brachte: Anna Freud, Lou Andreas-Salomé, Marie Bonaparte, Melanie Klein, Sabina Spielrein, Karen Horney. Sie alle waren durch das schwierige Verhältnis zu Freud beschädigt, und doch gelang es ihnen, neue Wege zu gehen. In den Biographien dieser Frauen um Freud werden auch die weiblichen, weiterführenden, Ansätze der Psychoanalyse deutlich, die heute wieder entdeckt werden. Ein spannendes Buch für alle, die sich für das Frauenbild der Psychoanalyse und den besonderen und eigenständigen Beitrag von Frauen zur Entwicklung der Psychoanalyse und Psychotherapie interessieren.

Die Autorin

Ulli Olvedi, geboren 1942, ist Therapeutin und Publizistin. Sie arbeitet journalistisch für Rundfunk und Fernsehen. Sie lebt in München.

Ulli Olvedi

Frauen um Freud

Die Pionierinnen der Psychoanalyse

Herder

Freiburg · Basel · Wien

Teile des Buches gehen zurück auf eine Sendereihe von Radio Bremen
„Frauen in der Psychoanalyse"

Originalausgabe

Alle Rechte vorbehalten – Printed in Germany
© Verlag Herder Freiburg im Breisgau 1992
Herstellung: Freiburger Graphische Betriebe 1992
Umschlaggestaltung: Joseph Pölzelbauer
Umschlagbild: Paul Gauguin, Der Verlust der Jungfräulichkeit oder Das
Wiederaufleben des Frühlings, 1890/91, Chrysler Art Museum, Norfolk
(USA)
ISBN 3-451-04057-3

Inhalt

Einleitung

Die Psychoanalyse ist eine Domäne der Männer geblieben, obwohl eine beachtliche Reihe von Frauen an ihrer Entwicklung beteiligt war. Einige von ihnen fanden bis heute kaum Beachtung, und es ist unter anderem ein Anliegen dieses Buches, diesen den rechten Platz jenseits des Schlagschattens Sigmund Freuds einzuräumen.

Nur einer der sechs porträtierten Frauen gelang es, sich völlig aus dem übermächtigen Bann des Patriarchen zu lösen. Karen Horney verteidigte früh schon ihre eigene weibliche Position und deckte die einseitig männliche Fixierung auf, die der gesamten Freudschen Psychologie zugrunde liegt. Sie schrieb 1926: „Wie alle Wissenschaften, wie alle Wertsetzungen, war auch die Psychologie der Frau bisher nur vom Manne aus gesehen. Es liegt im Wesen dieser männlichen Vormachtstellung, daß die subjektiven Gefühlsbeziehungen des Mannes zur Frau objektive Gültigkeit erlangten ..." Und so geschah es, „daß die Frau sich den männlichen Wünschen anpaßte und ihre Anpassung als eigenes Wesen empfand, d. h. sich selbst auch so sah oder sieht, wie der männliche Wille es von ihr verlangte".

Zu diesem Zeitpunkt waren Anna Freud 31, Lou Andreas-Salomé 65, Marie Bonaparte 44, Melanie Klein ebenfalls 44 und Sabina Spielrein 41 Jahre alt. Keine von ihnen erkannte, daß sie selbst typische Beispiele waren für das Phänomen, das ihre Kollegin beschrieb. Unterstützung erhielt Karen Horney, wenn überhaupt, nur von männlicher Seite; so war etwa Ernest Jones einer ihrer engagiertesten Fürsprecher, ohne damit allerdings bei Freud das Geringste zu erreichen.

Anna Freud opponierte niemals offen gegen ihren Vater,

stellte auch seine Konzepte nie in Frage. Doch vermochte sie ihm bis zu einem gewissen Grade auszuweichen, indem sie sich auf ein Gebiet konzentrierte, mit dem sich ihr Vater nie sonderlich befaßt hatte – die Kinderanalyse. Hier konnte sie, zumindest in der Praxis, ihre eigenen Wege gehen. In ihrem 1927 erschienenen Buch „Einführung in die Technik der Kinderanalyse" schrieb sie vorsichtig: „Es könnte sich also ergeben, daß die Analyse, wo es sich um Kinder handelt, gewisser Modifizierungen und Veränderungen bedarf ..."

Daß ihr eigener Vater zugleich auch ihr Analytiker war, führte zu einer doppelten Bindung, von der sie sich nie befreien konnte. Sie blieb unverheiratet – in einer Zeit, in der dies ein gewichtiges soziales Stigma bedeutete – und pflegte nur Freundschaften mit Frauen. Ihre Beziehung zu Männern blieb zutiefst gebrochen bis an ihr Lebensende, als verdunkle der allmächtige väterliche Schatten alles Männliche um sie herum.

Lou Andreas-Salomé wagte einen ganz kleinen Alleingang, indem sie einige Zeit am Diskussionskreis des Abtrünnigen Alfred Adler teilnahm. Allerdings versäumte sie nicht, die Erlaubnis Freuds dafür einzuholen. War er auch nur fünf Jahre älter als sie, blieb er für doch immer eine Vaterfigur, als „Herr Professor" tituliert, während er sie vertraulich seine „liebe Frau Lou" nannte. Es lag ihr auch das Theoretische nicht gar so sehr am Herzen; sie schrieb gern Belletristisches – daran hatte sie, so schrieb sie, ihre „heiße Freude". Es war ihr wohl bewußt, daß sie mit ihrem verehrten Mentor nicht immer gleicher Meinung war, vor allem nicht, was seine pessimistische Weltanschauung betraf. Für sie gab es einen „Urgrund", eine zutiefst versöhnliche „Ordnung des Seins", die sie als „die Quelle seelischen Reichtums" beschrieb – eine grundsätzliche Auffassung, die sie viel näher zu C. G. Jung hinrückte als zu Freud. Aber sie beließ es bei Andeutungen, bestand nicht darauf, ihre Meinung gegen ihn durchzusetzen, und unterdrückte auf diese Weise wahrscheinlich einen beträchtlichen Teil ihrer kreativen psychologischen Potenz. Doch sie arbeitete gern – und erfolgreich – mit Menschen; denn das war für sie etwas

„Überwältigenderes, als sich außerhalb der lebendigen Mitarbeit sagen ließe". Ihre Verbundenheit mit Freud war zutiefst emotional, galt vermutlich weniger der psychoanalytischen Wissenschaft als dem Mann. Aus dieser emotionalen Verwicklung heraus schalt sie Karen Horney eine „Suffragette" und war taub für ihre intellektuelle Botschaft. Nur die Blendung durch die aggressive Überlegenheitsanmaßung des Patriarchen kann erklären, warum eine so starke Persönlichkeit wie Lou Andreas-Salomé, die sich mutig ein Leben gegen manche gesellschaftliche Normen ihrer Zeit ertrotzte, in der Verteidigung ihrer Eigenständigkeit dem Mann Freud gegenüber versagte.

Auch Marie Bonaparte gehörte zu den treuen geistigen Töchtern Freuds, sie war seine „Prinzessin", die mit Geld und Tat immer zur Stelle war, wenn sie gebraucht wurde, und die ihn uneingeschränkt bestätigte. Es war eine mächtige Fixierung, die sie nie zu durchbrechen vermochte, auch wenn sie davon wußte: „Mein ganzes Leben lang habe ich nur Wert gelegt auf die Meinung, die Anerkennung, die Liebe einiger Väter, die ich mir ausgesucht habe. Einer war bedeutender als der andere, und der letzte sollte mein großer Meister Freud sein."

Diese schöne und reiche Frau, die sehr wenig Beziehung zu ihrem eigenen Geschlecht hatte, Frauenfreundschaften verschmähte und von Freud bezeichnenderweise ihrer „Männlichkeit und Aufrichtigkeit" wegen gerühmt wurde, schrieb im Alter: „In einer Zivilisation, die von Männern geschaffen worden ist, haben Frauen nicht den Platz, die Freiheit und das Glück, die ihnen zustehen; ich fühle mich unterdrückt." Wie sehr sie von Freud unterdrückt wurde – und wie sehr sie Unterdrückung selbst provozierte –, konnte sie nicht erkennen.

Melanie Klein hingegen hat Freud nie sonderlich nahegestanden. Sie gehörte, wie die fast gleichaltrige Karen Horney, zur Berliner Analytiker-Gruppe der zwanziger Jahre, war ebenfalls Analysandin von Karl Abraham und entwickelte ebenfalls eigene Ideen, die zum Teil quer zu Freuds Lehren standen (Freud: „… völlig unmöglich und im Widerspruch zu allen meinen Annahmen"). Doch hat Melanie Klein die Theorien

Freuds nie einer ernsthaften Prüfung unterzogen. Andererseits kann ihre überaus spekulative Kinderpsychologie nicht ernsthaft als Weiterentwicklung der Freudschen Psychoanalyse bezeichnet werden, auch wenn sie selbst sie als quintessentiell psychoanalytisch verstand.

In ihrer Persönlichkeit spiegelten sich bis zur Verzerrung die Attitüden des früheren Vorbilds; wie der Meister verlangte sie absolute Loyalität und war völlig intolerant gegen kritische Stellungnahmen. Sie war so ehrgeizig, daß sie selbst vor Betrug nicht zurückschreckte, um ihr Ziel zu erreichen, und ihr Sinn für Konkurrenz konnte paranoide Züge annehmen. Sie war und blieb gefangen im Muster der unreflektierten Nachahmung männlicher Eigenschaften, die sie jedoch, wenn sie ihr bei anderen Frauen auffielen, heftig verabscheute. Ihre Gegenspielerin Anna Freud bezeichnete sie als „extrem diktatorisch" und „nicht bereit ... irgend etwas zu akzeptieren, was über ihre Anschauung hinausgeht"; und noch kurz vor ihrem Tod beklagte sich die schwerkranke Melanie erbittert über die „Herrschsüchtigkeit" ihrer Nachtschwester.

Einen ganz besonderen Platz nimmt die gebürtige Russin Sabina Spielrein ein. Sie diente Freud als unfreiwillige Ideenlieferantin (in ihrem Fall „vergaß" der Patriarch ganz einfach, woher ihm die Inspiration gekommen war), und ihre Hoffnung, er möge sich als Freund und Tröster erweisen, erfüllte sich nicht. Obwohl sie sich ausdrücklich als Freudianerin bekannte, konnte sie sich doch nie mit dem Verdikt abfinden, das Freud über seinen abtrünnigen Kronprinzen C. G. Jung – den Geliebten ihrer Jugendjahre – verhängte. Sie litt darunter, eine Frau zu sein, doch nahm sie die minderwertige Rolle allzu unwidersprochen hin: „Dumm ist auch, daß ich kein Mann bin: ihnen gelingt alles leichter." Schon früh entwickelte sie den Gedanken, daß dem Sexualtrieb ein Destruktionstrieb innewohne (Freuds spätere „Todestrieb"-Theorie). Dies paßt eher zu einer typisch männlichen als zu einer weiblichen Psychologie – aber diese Unterscheidung kam ihr nicht in den Sinn.

Auch Sabina Spielrein befaßte sich in ihren späteren Jahren, als sie wieder in Rußland lebte, mit der kindlichen Psychologie als einem Bereich, in dem sie selbständig forschen konnte, ohne von der theoretischen Überstrukturierung erdrückt zu werden, die Freuds Schule kennzeichnete.

Die Geschichten dieser intelligenten, um geistige Selbständigkeit ringenden Frauen um Freud erhellen in unterschiedlicher Weise die frühe Entwicklung der abendländischen Psychologie. Wie sie sich männlichem Diktat teils unterwarfen, teils dagegen opponierten, im verborgenen oder offen, wie sie litten, kämpften, Kompromisse suchten, mutig waren oder klein beigaben, ihren Platz zu finden suchten als Vorkämpferinnen für ein neues psychologisches Menschenbild, das kann auch heute noch durchaus inspirierend sein.

Keine von ihnen verstand sich als „feministisch", auch Karen Horney nicht, die sich so nachdrücklich für eine Berücksichtigung der speziell weiblichen Psychologie einsetzte. Eine Festlegung dieser Art war und ist sicher nicht nötig – wohl aber eine klare Einsicht in die Notwendigkeit der Unterscheidung. Unterscheiden kann man ja auch, ohne zu werten.

Je weniger diese Pionierinnen der Psychoanalyse ihre weibliche Eigenart und Andersartigkeit reflektierten, desto mehr hatten sie zu leiden. An diesem Prinzip hat sich bis heute nichts geändert. So mögen die vorliegenden Frauengeschichten zu weiterem Nachdenken anregen, in der von Erich Neumann formulierten Richtung: „Die Andersartigkeit der weiblichen Psyche muß neu entdeckt werden, wenn das Weibliche sich selbst verstehen soll, aber auch wenn die männlich-patriarchale Welt, die an ihrer extremen Einseitigkeit erkrankt ist, wieder gesunden soll."

Anna Freud (1895–1982)

Als seine jüngste Tochter, das letzte von sechs Kindern, am 3. Dezember 1895 geboren wurde, schrieb der knapp vierzigjährige Vater Sigmund Freud an seinen damaligen Freund Wilhelm Fließ:

„Wenn es ein Sohn gewesen wäre, hätte ich Dir telegrafische Nachricht gegeben, denn er hätte Deinen Namen getragen. Da es ein Töchterchen namens Anna geworden ist, kommt es bei Euch verspätet zur Vorstellung. Es hat sich heute um Viertel nach drei Uhr in die Ordination gedrängt, scheint ein nettes und komplettes Frauenzimmerchen zu sein, hat seiner Mutter dank der Fürsorge Fleischmanns nichts Böses getan, und nun befinden sich beide recht wohl."

Der später so berühmte Vater, der angesichts der Geburt einer Tochter nach traditioneller Gewohnheit eine nur mäßige Begeisterung zur Schau trug, konnte nicht ahnen, daß gerade dieses Kind am meisten von allen seinen Kindern dem Namen Freud Ehre machen würde. Längst steht Anna Freud nicht mehr im Schatten des legendären Vaters. Vor allem in den USA und England gilt sie nicht nur bei den Psychoanalytikern, sondern auch bei den Psychiatern als *die* große Autorität der Kinderanalyse und -therapie. In Deutschland, das sie nach ihrer traumatischen Flucht vor den Nazis nie wieder betreten hat, beginnt ihr Werk erst in neuerer Zeit Anerkennung zu gewinnen.

Anna Freud hat es, ebenso wie ihr Vater, zeitlebens abgelehnt, Autobiographisches preiszugeben. Beide vertraten den Standpunkt, man solle sich gefälligst für die Psychoanalyse interessieren und nicht für ihre Person. Wie die kleine Anna ihre Kindheit im Haus des zunehmend berühmten Vaters in der

Wiener Berggasse erlebt hat, kann man also nur an spärlichen Informationen ablesen. Vater Freud äußert sich gelegentlich in Briefen über das bemerkenswerte Ausdrucksvermögen seiner kleinsten Tochter. Sie war schlagfertig, witzig und nicht zuletzt rotzfrech – ein Umstand, den Anna schon als Kind und auch später noch als „Schlimmheit" umschrieb. Der stolze Papa lobte gar in einem Brief an Freund Fließ: „Annerl wird geradezu schön vor Schlimmheit."

Die freche kleine Göre war zudem blitzgescheit und ehrgeizig, also auch eine hervorragende Schülerin. Die „Schlimmheit" legte sich, und Anna verwandelte sich alsbald in eine stille, introvertierte, den zumeist in sein Arbeits- oder Behandlungszimmer entrückten Vater anbetende kleine Erwachsene. Aus einem ihrer späten Briefe geht hervor, daß sie des Vaters Anerkennung am ehesten durch tapferes Durchhalten, etwa einer Krankheit, erringen konnte; also stellte sich das Kind Anna ganz auf die Rolle der Tapferen und Leistungsfähigen ein – eine Rolle, der sie ihr ganzes Leben lang treu geblieben ist. In einer Familie mit fünf Geschwistern und einem Übervater lernt man das Zurückstecken – und Anna lernte es hervorragend, so gut, daß ihre Biographen ihre liebe Not hatten, ein Bild ihrer Persönlichkeit aus einem Puzzle von Äußerungen anderer zusammenzustellen. Da mußte etwa gar ein französischer Schulaufsatz aus dem Lyzeum herhalten, den Uwe Henrik Peters in seinem Buch „Anna Freud – ein Leben für das Kind" zitiert:

„Einmal sollten die Schüler in einem Französisch-Aufsatz ihr Zimmer zu Hause beschreiben. Anna Freud, die ihr Zimmer mit ihrer zweieinhalb Jahre älteren Schwester Sophie teilen mußte, brachte diesen Umstand in der Formulierung ‚Mein Zimmer hat drei Wände', die vierte Wand sei Sophie, zum Ausdruck. Diese Fähigkeit, mit der Sprache umzugehen, imponierte ihren Mitschülerinnen außerordentlich."

Annas Intelligenz imponierte auch ihrem Vater, der das junge Mädchen schon ab dem vierzehnten Lebensjahr mehr und mehr zu seiner Vertrauten machte – natürlich nur zur Vertrauten seiner Lehre, denn Intimes wurde in der Familie

Freud unter Verschluß gehalten. Dafür war nur Platz auf der berühmten Couch in Freuds Behandlungszimmer. Die pragmatische Atmosphäre, die dieser Vater seiner Familie aufzwang, äußert sich typisch in Freuds triumphierender Äußerung, seine Kinder hätten Märchen immer verachtet. Und Anna selbst berichtete in einem Vortrag 1966: „Im Alter vor dem unabhängigen Lesen, in dem man Kindern Geschichten vorliest oder erzählt, beschränkte sich mein Interesse auf solche Geschichten, die hätten wahr sein können. Dies bedeutete nicht, daß es im einfachen Sinne des Wortes wahre Geschichten sein mußten, aber sie durften nichts enthalten, was ihr Vorkommen in der Realität unmöglich gemacht hätte. Sobald Tiere zu sprechen anfingen, sobald Feen, Hexen oder Geister erschienen, kurz, wenn irgendein unrealistisches oder übernatürliches Element erschien, hörte meine Aufmerksamkeit rasch auf. Zu meiner eigenen Verwunderung habe ich mich in dieser Hinsicht wenig geändert."

Daß Anna Lehrerin werden wollte – so ziemlich die einzige Berufsausbildung, die einer „höheren Tochter" damals offenstand –, gefiel dem Vater. Und nichts wollte Anna mehr, als dem Vater zu gefallen, der so offensichtlich seine Gefühle, soweit sie überhaupt sichtbar wurden, weit mehr der weiblicheren, sanften, stets etwas kränklichen Schwester Sophie zuwandte. In einer Fallgeschichte, die Anna Freud später als Beispiel für einen Komplex, den sie „altruistische Abtretung" nannte, veröffentlichte, findet man ihre eigene Geschichte wieder. Sie berichtet von einer jungen Erzieherin, die sich ihre Triebbefriedigung selbst versagte und auf andere übertrug: so hätte sie zum Beispiel gern schöne Kleider getragen; aber die Schwester galt als schöner, also kümmerte sie sich statt dessen eifrig um das Aussehen ihrer Schwester; sie hätte selbst gern geheiratet, aber die Schwester heiratete – also beglückte sie sich mit der Hochzeit der Schwester; sie hätte gern eigene Kinder gehabt; statt dessen kümmerte sie sich hingebungsvoll um die Kinder anderer.

Anna hielt sich für häßlich, obwohl die frühen Photographien ein zierliches, sehr schlankes, langgliedriges Mädchen mit einem klugen, gut proportionierten Gesicht, einem ausdrucksvollen Mund und schönen dunklen Augen zeigen. Papas Briefe an die Siebzehnjährige, die kurz vor der Hochzeit ihrer Schwester Sophie bei Freunden der Familie in Meran Ferien machte, gingen mehrfach auf die beklagten mangelnden Rundungen und auch auf die schlechte Haltung, die Anna ihr Leben lang nicht ablegen sollte, ein: „Ich zweifle gar nicht daran, daß Du es noch zu größerer Zunahme und besserem Wohlbefinden bringen wirst, wenn Du Dich erst an das Faulenzen und den Sonnenschein gewöhnt hast. Das Stricken kannst Du ruhig aufgeben bis nach der Hochzeit, es ist wahrscheinlich für Deinen Rücken recht ungünstig."

Und zwei Wochen später war zu lesen: „Ich höre, Du machst Dir bereits wieder Sorge um Deine nächste Zukunft. Eineinhalb Kilo Zuwachs haben Dich also noch nicht sehr verändert. Ich will Dich also darüber beruhigen, indem ich Dich erinnere, daß der Plan bestand, Dich über acht Monate nach Italien zu schicken, bis Du ganz rund und gleichzeitig gerade, ganz materiell und vernünftig zurückkommst..."

Die Fixierung auf den Vater und die abwertende Einschätzung der eigenen weiblichen Attraktivität in Verbindung mit einer spröden Veranlagung bildeten einen Panzer, der auf Männer nicht sonderlich anziehend wirken konnte. Von den vielen männlichen Lehranalysanden im besten Alter, die bei den Freuds ein und aus gingen, scheint keiner dem zierlichen, intelligenten Mädchen mit genügendem Nachdruck den Hof gemacht zu haben; wer hätte es auch schon mit dem Supermann, dem sie schon damals ihr Leben unterordnete, aufnehmen wollen!

Vater Freud, der seine jüngste Tochter analysierte – und damit etwas tat, was er in seinen Schriften nachdrücklich ablehnte: nämlich ein Familienmitglied als Analysanden zu nehmen –, muß den Komplex erkannt haben; in Briefen deutete er an, daß Anna wohl nicht für Mann und Familie geschaffen sei. Er bezeichnete sie später, als sie als einzige der drei Töchter bei ihm blieb und ihn während seiner schweren Krankheit pflegte, auch als „meine treue Antigone-Anna". Daß er diese Antigone in gewisser Weise selbst gezüchtet hatte, damit sie ihm Ersatz sei für fehlende Freunde und auch für die geistig wenig bewegliche Ehepartnerin Martha, wollte er wohl nie so recht wahrhaben.

Später sollte diese analytische Vater-Tochter-Beziehung die Gemüter der Psychoanalytiker reichlich bewegen, und viele Vermutungen über eine unaufgelöste Übertragung wurden angestellt, ganz abgesehen davon, daß es viele ärgerte, daß der Patriarch so offensichtlich Sonderrechte für sich in Anspruch genommen hatte, denn seinen Schriften nach war das Analysieren Verwandter verpönt. In einem Brief an seinen ehemaligen Schüler Edoardo Weiß schrieb Freud 1935 allerdings eher gelassen zu der Frage nach der Zulässigkeit der Analyse des eigenen Sprößlings: „Was die Analyse Ihres hoffnungsvollen Sohnes betrifft, so ist das gewiß eine heikle Sache. Bei einem jüngeren Bruder möchte es leichter gehen, bei der eigenen Tochter ist es mir gut geraten, bei einem Sohn hat es besondere Bedenken. Nicht, daß ich direkt vor einer Gefahr warnen könnte; es kommt offenbar alles auf die beiden Personen und ihr Verhältnis zueinander an. Die Schwierigkeiten sind Ihnen bekannt. Ich würde mich nicht verwundern, wenn es Ihnen trotzdem gelänge. Es ist für den Fremden schwer zu entscheiden. Ich würde Ihnen nicht dazu raten und habe kein Recht, es Ihnen zu untersagen."

Im Juni 1914, als Belohnung für das bestandene Lehrer-Examen, durfte Anna zu Freunden nach England reisen. Vater Freuds politische Naivität, die geradezu sprichwörtlich war, zeigte sich daran, daß er den soeben geschehenen Mord am österreichisch-ungarischen Thronfolger in Sarajewo völlig ignorierte und offenbar nicht die geringste Vorstellung von den voraussehbaren Konsequenzen dieses Ereignisses hatte. Zehn Tage nach Annas Ankunft in England begann der Erste Weltkrieg. Die achtzehnjährige Anna erlebte die erste große Bedrohung ihres an Bedrohungen allzu reichen Lebens. Wochenlang quälte sie die Angst, nicht nach Hause zurückkehren zu können. Dank der Hilfe des österreichischen Gesandten gelang dann Ende August doch noch die komplizierte Rückreise auf dem Umweg über Gibraltar und Genua. Vater Freud schrieb an die Freunde in England: „Ich habe in dieser elenden Zeit, während des Krieges, der uns so arm macht an ideellen und materiellen Gütern, noch nicht Gelegenheit gehabt, Ihnen für die geschickte und zweckmäßige Art zu danken, wie Sie mir die kleine Tochter zurückgeschickt haben, und für alle Freundschaft, die dahinter war. Es geht ihr gut, aber ich glaube, sie hat manchmal Sehnsucht nach dem Land unserer Feinde."

Als Anna heimkam, war das Elternhaus überraschend leer. Die Schwestern waren verheiratet, die Brüder im Krieg. Die Abwesenheit der geschwisterlichen Rivalen begünstigte noch die bereits schon überaus enge Bindung an den Vater. Die besten Voraussetzungen für die Entwicklung der Antigone-Rolle waren geschaffen.

Im Alter von zwanzig bis fünfundzwanzig Jahren war Anna Freud Lehrerin an der Volksschule, die sie selber als Kind besucht hatte. Einer ihrer damaligen Schüler schrieb später über seine Erfahrungen mit ihr: „Eines Tages standen wir Kinder wie elektrisiert: Eine junge, schlanke Frau mit dunklen und sehr interessanten Augen wurde uns vorgestellt und übernahm sofort die Leitung. An allzuviel Einzelheiten kann ich mich nicht mehr erinnern, aber diese junge Frau, sie hieß Fräulein Freud, hatte uns viel besser unter Kontrolle als die älteren ‚Tanten'. Neben ihrem Tisch stehend, den rechten Arm aufgestützt, mit ihrer linken Hand dessen Ellenbogen umfassend, brauchte sie uns nur fest und ernst anzuschauen, um uns in Ordnung zu halten. Sie war eine so wunderbare und einfache Erscheinung, daß ich sie in dieser Zeit zutiefst liebte ..."

Trotz aller intellektueller Ambitionen hatte die junge Anna Freud doch nichts „Blaustrümpfiges" an sich. Sie war keinesfalls eine jener streitbaren Frauenspersonen, über die sich die Männer ihrer Zeit so gerne lustig zu machen pflegten. Im Gegenteil: Hinter der spröden Schale pflegte sie ihre Tagträume, liebte Rilkes Gedichte und schrieb selbst an einem langen, nie beendeten Roman, einer Geschichte von einer großen Familie mit vielen Kindern. Und vor allem strickte sie mit Leidenschaft; der Vater hatte ihr die Strickerei der schlechten Haltung wegen immer wieder auszureden versucht. Aber Anna strickte und häkelte unbeirrt weiter und hörte ihr ganzes Leben lang nicht mehr damit auf. Sie strickte Puppenkleider für ihre kleinen Patientinnen und Pullover für ihre Freundinnen; sie häkelte Blusen und nähte sich ihre Kleider selbst. In London kam dann noch ein Webstuhl dazu; Anna Freud, die ja nicht nur Kinder analysierte, lauschte den Erzählungen und Assoziationen ihrer erwachsenen Patienten angeblich gern bei emsiger Arbeit am Webstuhl.

In ihrer Lehrerinnenzeit war eine der wichtigsten Bezugspersonen die viel ältere Lou Andreas-Salomé, damals schon eine legendäre Gestalt, und mit den Jahren vertiefte sich ihre Beziehung immer mehr. Erst mit Lous Tod endete die enge Freundschaft zwischen den beiden Psychoanalytikerinnen.

In einer Tagebuchaufzeichnung über einen ihrer Aufenthalte bei den Freuds im Jahr 1921, als Lou mit Anna ausgedehnte Diskussionen über Annas erstes psychoanalytisches Arbeitsthema, „Schlagephantasien und Tagtraum", führte, heißt es: „Zur Nachtzeit in diesem Zimmer hinten" – gemeint ist Freuds Arbeitszimmer „saßen Anna und ich dann bei ihm zu Gesprächen über unser Thema, in das wir uns gleich und unwillkürlich verbissen; von da ab verbrachte ich schon die Vormittage bei Anna, von ihr eingewickelt in eine Wunderdecke, während sie beim Ofen hockte."

In dieser Zeit begann sich Annas endgültiger Berufsweg herauszukristallisieren. Ihr Vater hatte dem Problem der kindlichen Neurose wenig Beachtung geschenkt, und so war dies ein willkommenes Forschungsgebiet für die inzwischen psychoanalytisch voll ausgebildete Tochter. Anna gab den Lehrerberuf auf und eröffnete 1927 in der elterlichen Wohnung in der Berggasse, die man außerdem noch mit Mutter Freuds Schwester, der „Tante Minna", teilte, eine eigene psychoanalytische Praxis. Inzwischen hatte sie sich auch ihren Platz in der Wiener „Psychoanalytischen Vereinigung" erobert; aber da sie nicht Medizinerin war, hatte sie es zunächst gar nicht leicht, Patienten zu finden. Eine holländische Ärztin, Jeanne de

Groot, die bei Annas Vater eine Analyse machte, spielte ihr die ersten Fälle zu; auch diese Freundschaft hielt ein Leben lang.

Anna Freud, für die es nur einen Mann im Leben gab, Sigmund Freud, umgab sich ihr Leben lang mit intelligenten Frauen. Ihrer besonders innigen Beziehung zu Dorothy Burlingham, die von 1928 bis zu ihrem Tod Annas Gefährtin war, wird – natürlich von männlicher Seite – eine lesbische Komponente nachgesagt; es fand sich jedoch bis jetzt keine Bestätigung für diese Behauptung. Frau Burlingham, Sproß der reichen Tiffanys und geschiedene Mutter von vier Kindern, war nach Wien gezogen, um sich von Freud analysieren zu lassen. Als die Beziehung zum Hause Freud immer enger wurde, zog sie im oberen Stockwerk über der Freudschen Wohnung in der Wiener Berggasse ein. Die vier Kinder ihrer Freundin wurden Annas erste kleine Patienten. Dorothy ihrerseits vertiefte sich ebenfalls in das Studium der psychoanalytischen Lehre Freuds und wurde 1937, nach vier Jahren eigener psychoanalytischer Tätigkeit, als ordentliches Mitglied in die „Psychoanalytische Vereinigung" aufgenommen.

Der Anna-Freud-Biograph Wilhelm Salber deutet die Beziehung der beiden Frauen in wahrscheinlich recht zutreffender Weise: „Das Verhältnis zu Dorothy war für Anna offenbar die rechte Mischung; sie war nun auch so etwas wie eine Mutter für vier Kinder: sie kümmerte sich wie ein Mann um die ganze Familie; sie hatte in Dorothy eine Freundin, mit der sie über alles reden konnte, und eine geschwisterliche Helferin bei der Sorge um den Lebensalltag und bei der Sorge um den Vater. Die beiden hielten so zueinander, daß die eine in jeder Hinsicht darauf rechnen konnte, die andere werde für sie einstehen – ohne je Verrat befürchten zu müssen."

Der Kinderanalytiker Alex Holder, der mehr als zwanzig Jahre in Anna Freuds Nähe verbracht hat, zuerst als Student, dann als Mitarbeiter in der Hampstead-Klinik, sagt zu der Frage nach einer möglichen lesbischen Beziehung der beiden Frauen: „Ich kann mir das nicht gut vorstellen. Das war sicher eine sehr intensive Beziehung mit der Dorothy Burlingham, aber mein Gefühl ist, daß sich das auf einer ganz sublimierten

Ebene abwickelte; daß die beiden sehr viel über ihre Probleme, die Probleme Anna Freuds mit der Klinik und mit anderen Leuten, sprachen und auch sehr viel Gemeinsames hatten, zum Beispiel das Wochenendhaus, wo sie jedes Wochenende von Freitagmittag bis Montagmittag verbrachten. Aber ich glaube nicht, daß das etwas Manifestes war, das ist jedenfalls mein Eindruck. Aber das kann man schlecht beurteilen, eben deshalb, weil Anna Freud so was nie an die große Glocke gehängt hätte. Aber ich bezweifle es sehr."

So vielversprechend das Jahr 1923 für die siebenundzwanzigjährige Anna begonnen hatte, so tragisch stellte das Schicksal bald darauf die Weichen. Im April begab sich Freud, kurz vor seinem siebenundsechzigsten Geburtstag, wegen einer Geschwulst im Mund zu einem Chirurgen. Seiner Familie hatte er nichts davon gesagt, weil er den nötigen Eingriff für geringfügig hielt und niemanden beunruhigen wollte. Als die Operation dann keineswegs so glatt verlief wie erhofft und Mutter und Tochter ins Krankenhaus gerufen wurden, erwarteten sie dort dramatische Ereignisse. Freuds Leibarzt Max Schur berichtet: „Bei ihrer Ankunft in der Klinik fanden Frau Freud und Anna Freud ihn blutüberströmt auf einem Küchenstuhl sitzen. Weder eine Krankenschwester noch ein Arzt waren bei ihm ... Die Abteilungsschwester schickte die beiden Damen zur Mittagszeit, in der keine Besuche erlaubt waren, nach Hause und versicherte ihnen, daß es dem Patienten gut gehen würde. Als sie ... zurückkehrten, erfuhren sie, daß eine starke Blutung eingetreten war, worauf Freud um Hilfe geläutet hatte; aber die Klingel hatte nicht funktioniert, und er selber konnte weder sprechen noch rufen."

Ein schwachsinniger Zwergwüchsiger, mit dem Freud das Krankenzimmer teilte, hatte soviel Verstand bewiesen, Hilfe zu holen; wahrscheinlich hat er dem geschwächten und von Medikamenten halb betäubten Freud das Leben gerettet. Anna jedenfalls wich von diesem Moment an nicht mehr von des Vaters Seite. Der Schock, den ihr die plötzlich so naherückende Möglichkeit des Todes ihres Lebensmittelpunktes versetzt haben muß, läßt sich eigentlich nur an ihrer Verwandlung ablesen, die sich sehr plötzlich einstellte. Annas Mutter stellte an der Tochter auf einmal eine ganz unvermutete Härte fest; selbst der Vater, den sie seit dem Ausbruch der Krebserkrankung mit geradezu beunruhigender Tüchtigkeit pflegte und vor allen Belastungen abschirmte, äußerte in Briefen leise Bedenken über ihre „asketische Strenge", wie er es nannte.

Anna wurde mehr und mehr zum heimlichen Oberhaupt der Familie. Biograph Wilhelm Salber zeichnet in Anna Freuds Leben einen roten Faden nach, den er als das Modell einer „Familie ohne Mann" bezeichnet und am Beispiel der familiären Organisation in der Wiener Berggasse mit den Worten zusammenfaßt: „Anna Freud wird eine ganze Familie."

Annas Rollenvielfalt ist beeindruckend. Dem Vater war sie fürsorgliche Tochter, und zugleich vertrat sie ihn wie ein Sohn; sie war ihm Mutter und Pflegerin, Mitarbeiter und Stellvertreter, und ihrer Konzeption folgte das Gefüge der näheren und weiteren Familie um ihn herum, die ihn schützte und ihm dennoch nichts abverlangte. Salber schreibt dazu: „Es ist eine kunstvolle Familie – hergestellt als Familie ‚ohne Mann': hergestellt auch von jemandem, der über die Psychologie der Familie so gut wie nur wenige Bescheid weiß. Das wirkt wie ein erster Modellversuch, eine künstliche Großfamilie als Ersatz für die ‚natürliche' Familie herzustellen – die Hampstead-Klinik ist der zweite Versuch –: auch darin kann die besondere Bedeutung des Lebens von Anna Freud für die Geschichte unserer Zeit gesehen werden. Das ergänzt sich mit der Bedeutung, die sie als Vermittler einer neuen Psychologie für das Verstehen und die Behandlung unserer Lebenswirklichkeit hat. Beides läßt sich in dem Wort ‚Emanzipation' zusammenbringen – und auch diesem Wort gab die Tochter Sigmund Freuds ihren eigenen Sinn."

Annas Familiengestaltung war in sich organisch und wurde dementsprechend wie eine Selbstverständlichkeit akzeptiert. Das kommt z. B. in den Erzählungen der langjährigen Haushälterin Paula Fichtl zum Ausdruck, die der Journalist Detlef Berthelsen zu dem Buch „Alltag bei Familie Freud", einem hinreißenden Klatsch-Brevier, zusammengestellt hat. Da geht es um die Querelen zwischen dem noch jungen Hausmädchen Paula und der „Tante Minna", zwei erbitterten Konkurrentinnen um die Zuneigung des Patriarchen. Berthelsen erzählt: „Paula wehrt sich auf ihre Art. Sie geht nicht etwa zur Frau Professor, die sie eingestellt und über die Qualität ihrer Arbeit zu befinden hat – Paula wendet sich an Anna Freud. Mit sicherem Instinkt für die Machtverhältnisse ‚am Hofe Freud' hat Paula erkannt, daß das ‚Fräulein Anna' dem Ohr des ‚Herrschers' am nächsten sitzt. Die Dreiunddreißigjährige hat nicht nur die Mutter als Pflegerin am Krankenbett, sondern auch zunehmend die ‚Tante' als Gesellschafterin im Salon verdrängt."

Und mehr noch: Anna wurde zum Sprachrohr des Vaters, dem der fortschreitende Kieferkrebs das Sprechen nur noch mit einer Gaumenprothese erlaubte, deren Herausnehmen und Wiedereinsetzen eine komplizierte Prozedur erforderte und, wie könnte es anders sein, ausschließlich Annas Sache war. Sie reiste zu Kongressen und las seine Vorträge vor, nahm sogar 1930 in Frankfurt den ihrem Vater verliehenen Goethepreis entgegen, und immer mehr begann sie sich auch um die Angelegenheiten der Psychoanalytischen Vereinigung zu kümmern. Schließlich, als angesichts der nationalsozialistischen Bedrohung immer mehr Psychoanalytiker Wien verließen, übernahm sie auch noch den Vorsitz des Wiener Lehrinstituts.

Obwohl die Lage seit der Machtergreifung der Nazis immer beunruhigender wurde, wehrte sich Vater Freud eigensinnig gegen den Gedanken der Emigration. Die Haushälterin Paula Fichtl erzählt: „Vor allem die Misses Brunswick hat beim Abendessen immer wieder davon ang'fangen, aber der Herr Professor hat nur g'meint: Ich bin ja doch schon fast tot. Dabei hat er aber immer gelächelt."

Anna, die sich wie immer mit der Haltung des Vaters identifizierte, arbeitete dementsprechend weiter, als wäre nichts geschehen. Vielmehr schien sie die Krise durch gesteigerte Aktivität aufzufangen, ein Muster, das sich ganz offensichtlich durch ihr gesamtes Leben zog. Sie schrieb an ihrem wichtigsten Buch, „Das Ich und die Abwehrmechanismen" – heute ein Standardwerk über die kindliche Psyche – das zu Vater Freuds achtzigstem Geburtstag fertig wurde, eröffnete nicht weit von der elterlichen Wohnung entfernt das „Haus der Psychoanalyse" und organisierte zusammen mit Dorothy Burlingham eine Kinderkrippe.

In Anna Freuds 1927 erstmals erschienenem Buch „Einführung in die Technik der Kinderanalyse" finden sich schon alle wichtigen Ansätze für ihre spätere umfangreiche praktische Arbeit. Obwohl sie das väterliche psychoanalytische System voll und ganz übernahm, brachte sie es fertig, keine „verbiesterte" Psychoanalyse-Ideologin zu werden. So hält sie zum Beispiel der Einstellung ihrer Rivalin Melanie Klein, welche die Psychoanalyse generell zu einem notwendigen Erziehungselement deklarierte, entgegen: „Im ganzen meine ich, man hat bei der Arbeit mit Kindern manchmal den Eindruck, daß die Analyse hier ein zu schwieriges, kostspieliges und kompliziertes Mittel ist, daß man mit ihr zuviel tut, in anderen Fällen wieder, und das noch häufiger, daß man mit der reinen Analyse viel zuwenig leistet. Es könnte sich also ergeben, daß die Analyse, wo es sich um Kinder handelt, gewisser Modifizierungen und Veränderungen bedarf oder doch nur unter bestimmten Vorsichten angewendet werden darf. Wo dann die technische Möglichkeit zur Einhaltung dieser Vorsichten nicht gegeben ist, ist auch vielleicht von der Durchführung der Analyse abzuraten."

Wie diese Modifizierungen aussehen können, beschreibt sie ohne jede Zurückhaltung. Nach der Darstellung einiger Fallgeschichten gibt sie folgende Erläuterung: „Der ganze Umfang meiner Handlungen, wie ich ihn dargestellt habe, widerspricht in zu vielen Punkten den Regeln für die Technik der Psychoanalyse, wie sie uns bisher gegeben wurden. Überblicken wir noch einmal meine verschiedenen Aktionen:... Ich biete mich offen zum Bundesgenossen an und kritisiere gemeinsam mit dem Kinde seine Eltern. Ich eröffne in einem anderen Fall einen heimlichen Kampf gegen die häusliche Umgebung und werbe mit allen Mitteln um die Liebe des Kindes. Ich übertreibe die Bedenklichkeit eines Symptoms, mache dem Patienten Angst, um meinen Zweck zu erreichen. Und schließlich schleiche ich mich in das Vertrauen der Kinder ein und dränge mich Menschen auf, die der Überzeugung sind, ausgezeichnet ohne mich fertig zu werden. Wo bleibt da die vorgeschriebene vornehme Zurückhaltung des Analytikers, die ... volle Reserviertheit in allen persönlichen Dingen, die absolute Aufrichtigkeit in der Beurteilung der Krankheit und die volle Freiheit, die man dem Patienten gibt, die gemeinsame Arbeit in jedem beliebigen Augenblick durch seinen Entschluß zu unterbrechen? Die letztere Vorstellung halten wir zwar auch bei den kindlichen Patienten aufrecht, aber sie bleibt doch mehr oder minder eine Fiktion, etwa wie in der Schule, wo man auch die Kinder glauben machen will, daß sie für sich selbst und das Leben, nicht für den Lehrer und die Schule lernen. Wollte man mit der daraus erwachsenden Freiheit allzusehr Ernst machen, so hätte man wahrscheinlich am nächsten Morgen die Klasse leer."

Und an späterer Stelle sagt sie: „Ich bin darauf vorbereitet, daß die praktischen Analytiker nach diesen Ausführungen sagen werden, was ich mit den Kindern mache, hätte bei all diesen Differenzen gar nicht mehr viel mit der wirklichen Analyse zu tun. Es sei eine „wilde" Methode, die alles von der Analyse entlehnt, ohne doch den strengen analytischen Vorschriften irgendwie gerecht zu werden. Aber ich bitte, das Folgende zu bedenken. Wenn in unsere Sprechstunde ein erwachsener Neurotiker käme, um uns um Behandlung zu bitten, der sich bei näherem Zusehen als so triebhaft, intellektuell so unentwickelt und so weitgehend von seiner Umgebung abhängig herausstellen würde, wie es meine kindlichen Patienten sind, so würden wir uns wahrscheinlich sagen: Die Freudsche Analyse ist eine ausgezeichnete Methode, aber für solche Leute ist sie nicht gemacht."

Angesichts des oft so gestrengen oder zumindest sehr ernsten Ausdrucks auf den wenigen Photos, die von der jungen Anna Freud existieren, setzt der trockene Humor, der immer wieder in ihren Schriften auftaucht, in Erstaunen. Aber auch in ihrem alltäglichen Verhalten scheint ihre oft mit einer Prise Humor gewürzte Scharfsicht auffallend gewesen zu sein. Clifford Yorke, der ärztliche Direktor der von Anna Freud gegründeten Londoner „Hampstead-Klinik", erzählte 1974 in einem Interview: „Wer sie in Gruppendiskussionen erlebt hat, weiß von ihrer außergewöhnlichen Fähigkeit, die richtigen Enden zusammenzufügen, den Kern eines Problems und seine wesentlichen Merkmale hervorzuheben, und das in einer Art, die nur wenigen Menschen gegeben ist ... ‚Well', kann sie dann am Ende einer langen Diskussion sagen, ‚es scheint, als ob die Eltern auf der einen Seite sagen, mit dem Kind ist etwas nicht in Ordnung, und auf der anderen Seite, das Kind ist in Ordnung.' Und dann kann sie fortfahren und eine Geschichte erzählen, die genau die Situation erhellt. ‚Es erinnert mich daran', kann sie sagen, ‚als jemand mit seinem Rolls-Royce durch Spanien fuhr und der Rolls-Royce zusammenbrach. Die Fabrik in England mußte verständigt werden, um den Rolls-Royce zu reparieren. Die Fabrik schickte Mechaniker und Ersatzteile, der Wagen wurde zusammengebaut und wieder gesund gemacht und fuhr nach Hause. Aber nie kam eine Rechnung. Und der Besitzer schrieb an Rolls-Royce: Ich habe keine Rechnung für die Reparatur bekommen, die Sie an meinem Rolls-Royce ausgeführt haben, als er in Spanien zusammenbrach. Und die Fabrik antwortete: Rolls-Royce bricht niemals zusammen.' – Das ist eine typische Anna-Freud-Story."

Den psychoanalytischen Deutungsmustern wie „Ödipuskomplex" oder „Penisneid" blieb sie stets treu, doch wehrte sie sich heftig gegen die gerade in den Anfängen der Psychoanalyse überwuchernde Neigung zur Symboldeutung auf Teufel komm raus. Immer wieder grenzte sie sich nachdrücklich gegen Melanie Klein ab, die heute noch, wenn es um das Thema Kinderanalyse geht, nicht ganz zu Recht in einem Atemzug mit Anna Freud genannt wird. Die Wienerin Melanie Klein hatte auf der Basis ihrer psychoanalytisch orientierten Beobachtungen an ihren eigenen Kindern ein System der Kinderanalyse entwickelt, zu dem Anna Freud nicht ohne Ironie vermerkte: „Wenn ein Kind einen Laternenpfahl oder eine der Figuren des Spiels umwirft, so deutet sie diese Handlung etwa auf aggressive Neigungen, die sich gegen den Vater richten, den vom Kinde herbeigeführten Zusammenprall zweier Wagen auf die Beobachtung des Geschlechtsverkehrs der Eltern ... Statt Symboldeutungen zu haben, könnte sie gelegentlich harmlose Erklärungen zulassen. Das Kind, das den Laternenpfahl umwirft, konnte tags zuvor auf dem Spaziergang ein Erlebnis mit einem solchen gehabt haben, der Zusammenprall der Wagen konnte etwas auf der Straße Geschautes wiederholen, und das Kind, das der Besucherin entgegenläuft und ihr das Handtäschchen öffnet, müßte nicht, wie Melanie Klein meint, damit symbolisch seine Neugier ausdrücken, ob im Genitale der Mutter wieder ein neues Geschwisterchen steckt, sondern etwa an ein Erlebnis vom Vortage anknüpfen, an dem jemand Eintretender ihm in einem ähnlichen Täschchen ein kleines Geschenk gebracht hat."

Anna Freuds großes Verdienst war offensichtlich die Erweiterung des psychoanalytischen Ansatzes zu einem größeren, mehr echte Intuition zulassenden Spielraum des Verstehens; vielleicht könnte man sagen, sie machte die Psychoanalyse menschlicher, indem sie mehr Offenheit und eine kritische Haltung der ideologischen Fixierung gegenüber mit ins Spiel brachte. Damit hebt sie sich wohltuend gegen die psychoanalytischen Technokraten ab, die ihr das Leben übrigens bis zum Ende schwerzumachen suchten.

Vater Freud hingegen äußerte immer wieder uneingeschränkte Wertschätzung für die geistige Eigenständigkeit seiner Tochter. In einem Brief an Lou Andreas-Salomé schrieb er 1935: „Was an mir noch erfreulich ist, heißt Anna. Bemerkenswert, wieviel Einfluß und Autorität sie unter der analytischen Menge gewonnen hat – leider viel davon von der Analyse wenig veränderter Menschenstoff. Überraschend auch, wie scharf, klar und unbeirrbar sie den Stoff bewältigt, wirklich unabhängig von mir, höchstens katalytisch dirigiert."

Doch zurück zum Lauf der äußeren Ereignisse. Das Jahr 1938 fiel wie ein Erdbeben über die in wissenschaftlicher Zurückgezogenheit lebende Familie Freud her. Plötzlich stürmten SA-Rüpel die Wohnung und bedienten sich an Frau Marthas

Haushaltskasse; wenig später stand die Gestapo vor der Tür, um den Juden Freud zum Verhör abzuholen. Anna stellte sich vor den alten Vater, erklärte kühl, er könne keine Treppen mehr steigen, man könne ja sie mitnehmen. Schnell steckte sie noch ein Röhrchen Veronal ein, falls man sie foltern sollte. Dorothy Burlingham rief sofort die amerikanische Gesandtschaft an, und die Intervention des Gesandten hatte offenbar Erfolg; nach ein paar Stunden kam Anna wieder heim. Sie war tatsächlich dem Vorhof der Hölle entronnen, von dem üblicherweise niemand mehr wiederkehrte. Wie entsetzlich dieser Schock für sie gewesen sein mußte, läßt sich nur daran ablesen, daß sie nach ihrer Emigration nach England nie wieder einen Fuß auf deutschen Boden setzte. Doch äußerte sie sich offiziell nie darüber. Tat sie es, selten genug, im privaten Kreis, so konnte ihr dabei schon einmal die Stimme versagen.

Unter dem Druck der Weltöffentlichkeit konnten die Freuds im letzten Augenblick das Land verlassen – immerhin mitsamt Haushälterin, Hund und Mobiliar. Nur zwei Tanten, des Vaters betagte Schwestern, waren nicht freizubekommen: Beide starben im Konzentrationslager.

Nur noch ein Lebensjahr konnte Vater Freud in seinem neuen Haus im Londoner Stadtteil Hampstead verbringen, das viel schöner und größer war als die alte Wohnung in der Wiener Berggasse. Hier wohnte er mit Anna, die nach wie vor seine unermüdliche Krankenpflegerin war, mit Ehefrau Martha und Tante Minna und der Haushälterin Paula Fichtl, die immer mehr zum haushaltsimmanenten Faktotum wurde.

Die psychoanalytische Seite des Lebens ging für die Freuds sofort ziemlich ungebrochen weiter. Die Sprache der Psychoanalyse, die früher Deutsch gewesen war, hatte sich inzwischen den veränderten politischen Verhältnissen und der internationalen Note der psychoanalytischen Organisation angepaßt. Man verständigte sich nunmehr auf englisch, für Anna ebensowenig wie für ihren Vater ein Problem. In dieser Sprache schrieb auch Anna ihre weiteren Werke, übersetzte sie jedoch selbst ins Deutsche. Dennoch waren die ersten Jahre in England schwer. Anna hatte keine Arbeitserlaubnis, der Krieg brach aus; zu den finanziellen Sorgen kam die Angst vor einer deutschen Invasion. Und vor allem der Zustand des Vaters verschlechterte sich von Tag zu Tag. Anna und die Haushälterin Paula wechselten sich in den letzten Wochen ununterbrochen am Bett des vor Schmerzen stöhnenden Kranken ab. Als er schließlich am 23. September 1939 starb, war es fast eine Erlösung.

Eine gewaltige Aufgabe war für Anna nach Freuds Tod die Herausgabe seiner Gesammelten Werke. Dabei soll sich ihre Identifikation mit dem Vater dermaßen vertieft haben, daß sich sogar ihre Handschrift, vor allem die Unterschrift, der seinen anglich. Und sie wachte mit Argusaugen darüber, daß kein Brief, keine Notiz, die nicht durch ihre ganz persönliche Zensur gegangen waren, in andere Hände gelangte. Die Erklärung dafür, wie es dennoch geschehen konnte, daß höchst geheimes Material den Weg nach draußen fand, entlockte Berthelsen der Haushälterin Paula. Der Analytiker Jeffrey Masson, der sich um die Herausgabe der Freudschen Korrespondenz bemühte und von Anna nur gereinigte Fassungen in der Form abgeschriebener Auszüge erhielt, sicherte sich das Wohlwollen der ebenso ahnungslosen wie kommunikationssüchtigen Paula. Berthelsen erzählt: „An einem Wochenende klingelt Masson, mittlerweile eine vertraute Erscheinung für Paula, an der Haustür von Maresfield Gardens. Paula bittet ihn eifrig herein, erfreut, wie über jeden Besuch. Sie weiß, daß der freundliche, gutaussehende junge Mann ... die Erlaubnis hat, im Haus zu arbeiten. Und wie immer ist Paula stolz, wenn sie helfen kann; so führt sie Masson arglos hinauf in den ersten Stock zur Truhe, wo die ‚ganzen Briefe vom Herrn Professor‘ liegen ... Paula hat nie erfahren, welche Folgen ihr Handeln hatte."

Auch Anna erfuhr nichts mehr von diesen Folgen; denn als Masson sein auf diesen geheimen Briefen basierendes Enthüllungs-Buch „Was hat man dir, du armes Kind, getan? – Sigmund Freuds Unterdrückung der Verführungstheorie" veröffentlichte, war Anna Freud schon seit zwei Jahren tot.

Neben der Edition der Werke des Vaters fand Anna jedoch neue Aufgaben. Seit Beginn der Luftangriffe auf London hatten viele Kinder ihre Eltern verloren oder waren zumindest obdachlos geworden. Anna trieb ein Haus und private Gelder auf und eröffnete in ihrem Stadtviertel Hampstead ein Kriegskinderheim, das unter dem Namen „Hampstead Nurseries" weltbekannt geworden ist. Amerikanische Geldgeber unterstützten diese Einrichtung bis nach Kriegsende, allerdings mit der Auflage, daß Anna monatliche Berichte über den Ablauf im Kinderheim schrieb. Auf diese Weise entstand eines der interessantesten und bewegendsten Kriegsbücher. Zu Beginn beschreibt sie zum Beispiel, was für Kinder es waren, die in die Nurseries aufgenommen wurden:

„U-Bahn-Schläfer, das heißt Kinder, die seit dem Blitzkrieg im September allnächtlich von ihren Müttern in die tiefen Untergrundbahnhöfe gebracht wurden, die als öffentliche Luftschutzräume dienen. Die Schlafstellen waren auf dem Perron, während bis ein Uhr nachts Züge ein und aus liefen. Durch den beständigen Lärm verloren einige dieser Kinder die Schlaffähigkeit, schrien ununterbrochen ... Kinder, die aus der Evakuierung zurückgeschickt wurden, weil sie die plötzliche Trennung von der Mutter nicht ertragen konnten und Symptome ausbildeten, mit denen ihre Pflegeeltern nicht umzugehen vermochten ..."

Im Heulen der Sirenen und im Bombenhagel revolutionierte Anna das traditionelle Heim-System und bildete familienähnliche Gruppen mit je einer festen, als Elternersatz wirkenden Bezugsperson. Mit Dorothy Burlingham zusammen verfaßte sie das Buch „Anstaltskinder", und außerdem arbeitete sie als Analytikerin mit Kindern und Erwachsenen. Kaum war der Krieg zu Ende, paßte Anna ihre Aktivitäten der veränderten Situation an. Man benötigte ja nun kein Kriegskinderheim mehr, und „Hampstead Nurseries" wurde aufgelöst; statt dessen nahm Anna die sechs jüngsten eines Transports überlebender Kinder aus dem Konzentrationslager Theresienstadt auf. Unter ihrer Leitung wurden sie in einem gestifteten Landhaus von zwei Kinderschwestern aufgezogen, und Anna hielt mit ihren KZ-Waisen bis ins Erwachsenenalter Kontakt.

Obwohl Anna Freud nun in ihre Heimat hätte zurückkehren können, dachte sie ebensowenig wie die meisten anderen Emigranten daran, das zu tun. Allzu tief war die Verletzung, und außerdem hatte die Psychoanalytische Bewegung in England den Krieg weit besser überstanden als in den deutschsprachigen Ländern. Anna Freuds Form der Kinderanalyse begann als die sogenannte „Hampstead-Methode" nicht nur über Englands, sondern auch über Europas Grenzen hinaus bekannt zu werden. Ein Lehrinstitut entstand, eigentlich eine „Anna-Freud-Schule", obwohl die stets auf Zurückhaltung bedachte Anna es nicht so benannte. Von 1950 an begann sich ihr Ruhm vor allem in den USA zu verbreiten. Einladungen zu Vortragsreisen und Ehrendoktorwürden amerikanischer Universitäten signalisierten das wachsende Interesse an Anna Freuds Arbeit. Der Schatten des Vaters war längst gewichen; in der Fachwelt kam niemand mehr auf die Idee, in ihr vornehmlich die Tochter Sigmund Freuds zu sehen. Sie war selbst zu einer Spitzenfigur der Psychoanalyse geworden.

Wie das Alltagsleben der nun über fünfzigjährigen Anna verlief, die das Haus Maresfield Gardens mit der Mutter, ihrer Schwester und Dorothy Burlingham teilte, berichtet Berthelsen aus der Sicht der Haushälterin, die im Alter weit mitteilsamer war als ihre Herrin: „Paula Fichtl rackert für das ‚Fräulein Professor' mit der gleichen Ergebenheit wie für den Vater, aber es ist nicht das Gleiche. Anna ist eben nicht der charismatische alte Herr mit dem Gesicht eines biblischen Propheten. Auch ist Maresfield Gardens lediglich ihre Wohnung. Die eigentliche Wirkungsstätte der Wissenschaftlerin Anna Freud sind die Räume der Klinik, die Säle internationaler Kongresse und von Jahr zu Jahr mehr die Rednerpulte ausländischer Universitäten, an die sie immer häufiger zu sehr erfolgreichen Vortragsreisen eingeladen wird … Anders als der alte Freud, der ein neues wichtiges Buch schrieb, wenn er sich langweilte, nutzen Anna und Dorothy Burlingham ihre knappe Freizeit und verwandeln sich wie jeder Durchschnittsmensch von Zeit zu Zeit in biedere Touristen."

Es waren die banalen Kleinigkeiten des täglichen Lebens, die Paulas Blickwinkel ausfüllten, und so weiß sie etwa zu berichten, daß die Damen Anna und Dorothy so ihre kleinen zwanghaften Eigenheiten hatten. Das Frühstück mußte zum Beispiel immer ganz pünktlich serviert werden, und Eier, von deren negativen Wirkungen die beiden Frauen zutiefst überzeugt waren, durften in der Küche absolut keine Verwendung finden. Auch den Blick ins Schlafzimmer gibt Paula frei. Anna Freuds Bett sei klein gewesen, eher ein Jungmädchenbett, und auch genauso ausstaffiert: mit Schleifchen und Rüschchen, vorzugsweise rosa, und einer ansehnlichen Versammlung von Plüschtieren obendrauf.

Es war eine seltsame Beziehung, welche das Fräulein Professor und die schlichte Haushälterin bis ins hohe Alter miteinander verband, obwohl sie es, wie aus Paulas Erzählungen und manchen Briefen Annas hervorgeht, nicht leicht miteinander hatten. So manches Mal floh Anna mitsamt Freundin vor dem aufdringlich dienenden Zugriff des Faktotums. Dennoch brachte sie es nicht fertig, die zunehmend zwangsneurotische alternde Frau zurück zu ihrer Familie nach Österreich zu schicken. In einem Brief schrieb sie: „Die Paula ist jetzt schon so lang bei uns, wir können sie nicht einfach wegschicken. Sie hat so viel für uns getan, allein um meiner Eltern willen muß sie bleiben dürfen. Und schließlich, die Arbeit ist nun mal ihr einziges Vergnügen, so laßt sie ihr doch."

Laut Berthelsens Darstellung wurde die häusliche Situation in Maresfield Gardens immer problematischer. Er berichtet von Paulas Unverträglichkeit und Eifersucht, von ihrer fixen Idee, daß jeder Versuch, sie durch jüngere Haushaltshilfen zu entlasten, ihre „Entmachtung" zum Ziel habe. Das Familienklima wurde so ungemütlich, daß Anna und Dorothy immer weniger ihrer freien Zeit zu Hause verbrachten. Zu dem Wochenenddomizil in Walberswick kam nun auch noch eine eifrig frequentierte Ferienwohnung in Irland hinzu. Als Trostpflaster schrieb Anna viele Ferienbriefe an die allein gelassene Paula, die ihrerseits niemals bereit war, einfach ebenfalls Urlaub zu machen. Einer dieser Briefe enthüllt die bedeutende, geradezu mütterliche Rolle, die Paula trotz allem in Annas Leben gespielt haben muß. Da schrieb sie: „Liebe Paula, heute

Nacht habe ich sehr lebhaft von Ihnen geträumt: Es hat geregnet und Sie sind ohne Mantel hinausgelaufen, um mir einen Schirm zu bringen. Ich habe gesagt, Sie sollen nicht so naß werden. Dann bin ich aufgewacht um drei Uhr früh – davon, daß der Regen mir vom Fenster ins Gesicht gespritzt hat. Die Deutung ist nicht schwer: Ich habe Sie mit einem Schirm gebraucht."

Paula tat das Ihre dazu, daß ein ganz besonders attraktives Stück Klatsch ausführlich der Nachwelt überliefert wurde: Marilyn Monroes episodische Konsultation der berühmten Analytikerin. Die labile Diva, die 1956 – sechs Jahre vor ihrem Selbstmord – in England den Film „Der Prinz und die Tänzerin" mit Sir Laurence Oliver drehte, befand sich zu dieser Zeit schon in einem überaus erschütterbaren Seelenzustand. Der Streß der Dreharbeiten, verbunden mit allzu großem Champagnerkonsum und Barbituratsucht, trieb sie wieder einmal in die Paranoia. Das Filmprojekt war gefährdet, schnelle Hilfe tat not. Zögernd sprang Anna Freud für Marilyn Monroes New Yorker Analytikerin, eine Freundin aus alten Tagen, in die Bresche und erklärte sich zu einer Schnelltherapie bereit, die ganze sieben Tage dauerte. Der Krankenbefund wird noch heute im Anna-Freud-Centre aufbewahrt; er lautet: „Emotional unstabil, übertrieben impulsiv, bedarf ständiger äußerer Zustimmung, erträgt es nicht, allein zu sein, neigt zu Depressionen bei Zurückweisung, paranoid mit schizophrenen Einschüben ... in höchstem Maße selbstmordgefährdet."

Anna nahm die verstörte junge Frau mit in den Kindergarten der Hampstead-Klinik. Der Einfall war geradezu genial; denn hier entkrampfte sich Marilyn, spielte mit den Kleinen und fand immerhin so weit ihr inneres Gleichgewicht wieder, daß sie nach einer Woche zu den Dreharbeiten zurückkehren und den Film beenden konnte.

1971 kehrte Anna Freud, inzwischen 75 Jahre alt, zum erstenmal nach ihrer Vertreibung, nach Wien zurück, zu jenem denkwürdigen ersten „Internationalen Psychoanalytischen Kongreß" auf Wiener Boden – es war übrigens der siebenundzwanzigste in der gesamten Geschichte der Psychoanalyse.

Eine kleine Ironie liegt darin, daß dieser Kongreß nicht durch die Rückkehr Anna Freuds besondere Popularität erlangte, sondern vielmehr, weil der Bestseller „Angst vorm Fliegen" von Erica Jong mit einer Szene in eben jenem Flugzeug beginnt, in dem eine geballte Ladung amerikanischer Psychoanalytiker zu diesem Kongreß nach Wien eingeflogen wurde.

Anna schwieg sich über ihre Gefühle aus, die sie beim Betreten ihrer Heimatstadt bewegten, wo sie des Vaters Berühmtwerden erlebte, wo sie als junge Lehrerin und später als Psychoanalytikerin um ihre persönliche Eigenständigkeit kämpfte, wo der krebskranke Vater einen großen Teil ihres Lebens vereinnahmte und schließlich die Gestapo sie lehrte, wie zum Fürchten die menschliche Spezies sein kann. Doch in der Geschäftssitzung des Kongresses machte sie unmißverständlich deutlich, was sie von dem verwahrlosten Zustand der alten Wohnung in der Berggasse hielt, die für den Kongreß eilig und lieblos zum Ausstellungsort für ein paar alte Photos hergerichtet worden war. Sie forderte zu Spenden auf, um ein repräsentables Museum daraus zu machen, vor allem mit einer umfassenden psychoanalytischen Bibliothek.

Ihren Kongreßvortrag hielt sie in englischer Sprache, in hervorragender Diktion, wenn auch mit einem kleinen Wiener Akzent. Erst 1978, als sie zum 122. Geburtstag Sigmund Freuds nach Wien eingeladen wurde, hielt sie an der Wiener Universität einen Vortrag in deutscher Sprache – das einzige übriggebliebene Ton-Dokument übrigens, auf dem man Anna Freuds Stimme in ihrer Muttersprache hören kann. Folgender Teil dieser Freud-Gedächtnis-Vorlesung wurde damals vom Österreichischen Rundfunk gesendet:

„Diese Entwicklungslinien und der Weg auf ihnen sind nicht Sache des Wachstums, es sind Erwerbungen, mühsame Erwerbungen. Wir haben in der Erwachsenenanalyse gelernt, daß das neurotische Symptom ein Kompromiß ist, ein Kompromiß zwischen dem Einfließen der Innenwelt und Außenwelt einerseits und in der Innenwelt zwischen dem triebhaften Teil des Ich, dem vernünftigen Teil, dem Ich, und dem moralischen Teil, dem Über-Ich. Daß also vier Agenten beteiligt sind, um schließlich das Symptom herzustellen. Auch die Entwicklung geht auf diese Weise vor sich, und so glaube ich, daß wir nicht nach einer Lebenszeit suchen sollten, wo das Unglück geschieht, daß die Entwicklung nicht so geht, wie sie gehen sollte, wo die Pathologie beginnt, sondern daß es möglich ist, daß auf jeder Stufe der Entwicklung durch ein Abweichen von der Normalität in jedem der Einflüsse, die auf das Kind einwirken, etwas geschehen kann, was den Menschen von dem günstigen Ergebnis, von der Normalität abhalten kann."

Je älter Anna Freud wurde, desto deutlicher schienen zwei verschiedene Annas sich voneinander zu sondern – die ehrgeizige, blaustrümpfige Wissenschaftlerin, von so manchen, die sie kannten, als eine „harte Frau" bezeichnet, bekannt als spröde und unzugänglich in ihrem Umgang mit Erwachsenen, und die private Anna, die zauberhafte Sachen häkelte und strickte, eine begeisterte Reiterin war, sich ihrer Liebe zu klassischer Musik hingab und vor allem im Zusammensein mit Kindern eine ganz unvermutete Sanftheit, Heiterkeit und Offenheit sichtbar werden ließ. Alex Holder berichtet: „In der Kinderwelt fühlte sie sich einfach wohler und mehr zu Hause. Im Umgang mit Erwachsenen oder Kollegen und Offiziellen habe ich sie eher etwas befangen erlebt, und diese Zurückhaltung, die man dort sah, ging im Kindergarten ganz verloren. Da hat sie die Kinder an sich rankommen lassen und hat ihnen oft auch viel mehr über sich selbst erzählt, als sie jedem Erwachsenen erzählt haben würde. Ich erinnere mich, daß der Kindergarten der Klinik für sie das Herz der Klinik bedeutete und daß sie oft dort auftauchte, um die Kinder kennenzulernen. Die Beobachtungen an den Kindern wurden wöchentlich diskutiert, und Anna Freud hat dann auch etwas aus erster Hand beitragen können, weil sie alle Kinder kannte. Und man hatte das Gefühl, da war ihr Herz ganz drin."

Anna Freud schloß selten Freundschaften, und wenn, dann nur mit Frauen. Ihr ganzes Leben lang umgab sie sich mit Frauen. Hermetisch verschloß sie ihr Inneres gegen jeden Mann. Zugleich hütete sie ihre Beziehung zu ihrem Vater wie einen geheimen Schatz, zu dem niemand je Zugang haben sollte. Holder, der sich in all den vielen Jahren der Zusammenarbeit mit Anna Freud von ihr in derselben Distanz gehalten sah wie alle anderen, denen das Schicksal eine männliche Erscheinungsform zugewiesen hatte, sagt dazu: „Vielleicht war da etwas Ungelöstes in dem Sinn, daß sie sich nicht von ihrem Vater befreien konnte, daß sie sich innerlich gar nicht von ihm ablösen konnte. Man weiß ja auch, daß ihr Vater ihr Analytiker war, und darüber haben sich natürlich die Analytiker sehr viele Gedanken gemacht. Ich denke, da muß auch etwas in Freud vorgegangen sein, daß er das überhaupt in Betracht zog, seine eigene Tochter in Analyse zu nehmen und sie keinem anderen Kollegen (denn Kollegen hat es damals gegeben) anzuvertrauen. Ich weiß, daß viele Leute versucht haben, ihr nahezulegen, daß sie doch ihre Memoiren schreiben solle, und da hat sie sich immer geweigert und gesagt: ‚Das nehme ich mit mir, wenn ich sterbe.'"

Solch geheimnisvolle Zurückhaltung ist natürlich wie nichts anderes geeignet, zur Mythenbildung beizutragen, und deshalb ist es kein Wunder, daß Anna Freud eine Art große Unbekannte geblieben ist, geradezu verkörperte Seele der Psychoanalyse, ein leibhaftiges Über-Ich. Es ist kaum anzunehmen, daß sie sich dessen nicht bewußt war. Ihr Biograph Wilhelm Salber ist sogar der Ansicht, daß sie höchst absichtlich dazu beitrug, gibt aber dennoch ein recht verklärendes Bild dieses merkwürdigen Phänomens: „Anna Freud wußte um die Legende, die sich um sie bildete; sie arbeitete an diesem Leitbild mit, das kam der eigenen Kultivierungsarbeit an ihrem ‚Seelengarten' entgegen. Sie genoß Ehrungen, Ruhm, Wirkung, zugleich mit den Anstrengungen und Aufregungen, die sie mit sich brachten; sie genoß sie in der ihr eigentümlichen Bewegung zwischen der Freude des schöpferischen Kindes und dem Wissen um Entsagung. Unter dem Zwang des Leitbild-Seins rang sie sich manchmal etwas mehr an Lächeln, Entgegenkommen, ‚Partygesprächen' ab, als sich von selbst einstellen wollte. Dazu armierte sie sich auch mit heroischen Worten der europäischen Kultur: „Schwierigkeiten sind dazu da, überwunden zu werden – was mich nicht umwirft, macht mich stärker –

Wanderer, kommst du nach Sparta, berichte dorten, du habest uns liegen gesehen, wie das Gesetz es befahl."

Die Photos der betagten Anna Freud zeigen eine geradezu zerbrechlich zarte alte Dame, das Haar nach Kleinmädchenart seitlich mit einer Spange gehalten, ein verletzliches Gesicht, dem man die Härte und das eigensinnige Durchsetzungsvermögen, auch die Neigung zu nachtragender Verbitterung, die so mancher Kontrahent zu spüren bekam, nicht ansieht. Wenig ist von Annas Schattenseiten über die Klinikmauern in Hampstead hinausgedrungen, zu groß wohl war der Respekt vor ihren außerordentlichen Leistungen, zu durchgängig auch die Linie eines stets gemäßigten, wenn auch oft fast unterkühlten Verhaltens. Dennoch läßt es sie ein bißchen menschlicher erscheinen, wenn man hört, daß sie, die sich immer so überaus gemäßigt verhielt, zum Beispiel Melanie Klein und deren Mitarbeiter verbissen mit einem Tabu belegte, an das sich auch ihre Gefolgschaft in der Klinik zu halten hatte. Auch konnte sie grundsätzlich keine abweichenden Meinungen um sich dulden, ein Umstand, der so manchen Mitarbeiter, trotz aller Wertschätzung, von der Klinik vertrieb.

Anna Freuds letzte Jahre waren von Krankheit überschattet; zu ständigen Rückenschmerzen und häufigen Lungenerkrankungen kam 1976 eine schwere Anämie dazu. Schließlich konnte sie nur noch mit Hilfe wiederholter Transfusionen weiterarbeiten. Doch ihrem verinnerlichten Vorbild, dem Vater, gleich, hielt sie eisern durch. Einem Schlaganfall im Frühjahr 1982 folgte eine Lähmung, die ihr auch weitgehend das Sprechen verwehrte. Doch selbst in diesem reduzierten Zustand gab sie das Arbeiten nicht auf, schrieb noch im Krankenhaus weiter an einem Buch über Familienrecht. Im Herbst 1982 neigte sich jedoch ihr arbeitsbesessenes Leben unausweichlich dem Ende zu. Ihre alte Freundin aus Wiener Zeiten, Jeanne de Groot, berichtet von ihrem letzten Besuch bei der sechsundachtzigjährigen Anna: „Anna befand sich in sehr schlechter Verfassung ... Ich sprach über viele schöne alte Erlebnisse, die wir miteinander geteilt hatten, und in den wenigen Minuten, während deren sie verständlich sprechen konnte, erkannte ich, daß sie noch ganz klar denken konnte. Dann saß ich still an ihrem Bett auf der Terrasse und hielt ihre Hand. Ich wußte, daß ich sie nicht mehr wiedersehen würde. Plötzlich sagte sie: ‚Es ist genug, es ist genug.‘ Ich empfand eine innere Empörung darüber, daß das Leben eines so brillanten und liebenswerten Menschen auf so tragische und leidensvolle Weise enden mußte. Als Anna schließlich am neunten Oktober starb, war mein erster Gedanke eine tiefe Erleichterung, daß Annas Leiden zu Ende war.“

Zu ihrer Beerdigung wünschte sich Anna Freud den Schlußteil des symphonischen Werkes „Das Lied der Erde“ von Gustav Mahler, ihrem Lieblingskomponisten. So nahm sie ihren Abschied von der Welt mit denselben Klängen, die auch ihre Freundin Dorothy drei Jahre zuvor auf ihrem letzten Weg begleitet hatten:

„Still ist mein Herz und harret seiner Stunde.
Die liebe Erde allüberall blüht auf im Lenz
und grünt aufs neu allüberall,
und ewig blauen licht die Fernen,
ewig ... ewig ...“

Lou Andreas-Salomé (1861–1937)

Als „das begabteste, nachdenkendste Geschöpf, das man sich denken kann" hat Nietzsche sie bezeichnet. Sigmund Freud nannte sie „den Dichter der Psychoanalyse"; doch ungeachtet solch hohen Lobes ihrer geistigen Fähigkeiten haftet Lou Andreas-Salomé noch heute der Ruf der großen „femme fatale" an, die berühmte Männer sammelte wie andere Briefmarken. Was jedoch meist mißachtet wird, ist der Umstand, daß sie schon früh durch eigene Leistung zu Ruhm gelangte, vor allem mit ihrem Erstlingswerk „Im Kampf um Gott", das sie 1885 im Alter von vierundzwanzig Jahren veröffentlichte; und in allerneuester Zeit beginnt man jene Lou, die mehr als zwei Jahrzehnte lang als Psychoanalytikerin praktizierte und schrieb, zunehmend zu würdigen.

Sosehr der klangvolle Name Lou Salomé nach einem Künstlernamen klingen mag – es war tatsächlich ihr angeborener Name, ausgenommen die Abkürzung Lou – von Louise. Sie wurde geboren als Tochter des russischen Generals Gustav von Salomé am 12. Januar 1861 in St. Petersburg, einem der großen kosmopolitischen Zentren der damaligen Welt. Die deutschstämmige Mutter, der von den Hugenotten abstammende Vater, die russische Umgebung und der weltoffene Lebensstil der Metropole lieferten einen günstigen Nährboden für eine Persönlichkeit, der nichts mehr zuwider war als Festlegung, Einengung und Kleingeistigkeit aller Art. Über die Atmosphäre einer grundlegenden Freiheit, die ihre Familie ihr bot, schreibt Lou in ihrem „Lebensrückblick":

„Beiden Eltern gegenüber – so scheint es mir jetzt – fehlte bei mir, im Vergleich mit den Erfahrungen der weitaus meisten Kinder, von denen ich weiß, das Überhitzte in der Gefühlseinstellung, sei es in Trotz oder Liebe. Das Verbindende wie das Oppositionelle unterstand einer Grenze, hinter der irgendwie noch Freiheit Raum behielt. Während meiner Schulzeit ging die Freiheit sogar zu weit; als ich in den letzten Klassen, wo das Russische für sämtliche Fächer obligatorisch wurde, über meine mangelnde Beherrschung der russischen Sprache jammerte (da wir untereinander nur Deutsch und Französisch zu sprechen gewohnt waren), ließ mein Vater mich plötzlich bloß hospitieren, indem er lachend versicherte: ‚Schulzwang braucht die nicht.' Von wo er dieses zärtliche Vorurteil hernahm, weiß ich nicht."

Vielleicht nahm er es einfach aus der Tatsache, daß sie die einzige Tochter unter einer Schar von Buben war, und eine sehr hübsche und liebevolle dazu. Jedenfalls unterwarf sich die recht hitzige und eigensinnige Lou ebenso wie ihre Brüder nur einem einzigen Menschen – dem milden Patriarchen, der selbst der Mutter angesichts des Altersunterschieds von neunzehn Jahren mehr als Vater denn als Ehepartner erscheinen mußte. Die Beziehung zur Mutter spielte in Lous Kinderleben eine weit geringere Rolle als die zum Vater; jedenfalls ist in Lous Aufzeichnungen kein Wort von besonderer Anhänglichkeit zu finden. Auch in ihrer Funktion als Anstandsdame in Lous Studienzeit war die Mutter wohl mehr als alles andere ein geduldetes Übel. Lous Identifikation mit dem Weiblichen hielt sich ihr Leben lang in Grenzen. Selbst als verheiratete – und dabei kinderlose – Frau pflegte sie einen Lebensstil, der viel eher dem einer Junggesellin als dem einer Ehefrau entsprach.

Ein weiterer wichtiger Akzent war jedoch Lous familiäre Plazierung als typische „kleine Schwester", die sich des Schutzes ihrer drei älteren Brüder sicher wußte. So stark war das Erlebnis der innigen Geschwisterlichkeit, daß Lou als junges Mädchen einen regelrechten „Brudertick" entwickelte; sie projizierte das Bruderbild tatsächlich auf jeden Mann, mit dem sie sich anfreundete, ob dieser nun seinerseits brüderliche oder ganz unbrüderlich männliche Gefühle für sie hegen mochte.

Es war eine sehr fromme Familie, in die Lou hineingeboren wurde, und dementsprechend war sie ein zutiefst gläubiges

Kind. In ihrem „Lebensrückblick", der mit dem Kapitel „Das Erlebnis Gott" beginnt, beschreibt sie die zentrale Bedeutung, die ihre Gottesvorstellung für ihr frühes Leben hatte: „Man stelle sich das etwa im Bilde vor: Als habe man sich vom Elternschoß, von dem man ja auch manchmal niedergleiten muß, mitten auf den Gottesschoß gesetzt – wie auf den eines noch viel verwöhnenderen, alles billigenden Großvaters, der so schenkfroh ist, als habe er alle Taschen voll; und als würde man dadurch fast ebenso allmächtig wie er, wenn auch wohl nicht so ‚gut'; er bedeutet eigentlich: Beide Eltern ineinandergestülpt an mütterlicher Schoßwärme und väterlicher Machtvollkommenheit."

Vom Standpunkt des Alters aus bezeichnete Lou ihre kindliche Beziehung zum lieben Gott als ein „etwas bedenkliches Phantasieverhältnis", das sein Ende fand, als das Kind einmal dringend eine Antwort verlangte. Als sie sich darauf beschränkt hatte, ihm nur zu erzählen, war sie sich seines Zuhörens und Billigens stets ganz sicher gewesen. Nun aber, da keine Antwort kam, entstand der Verdacht in ihr, daß dieses Du, dieser persönliche Gott, gar nicht existiere, und bald wurde es ihr zur Gewißheit. Es war ein gewaltiger Schmerz, und die Wandlung war radikal, so radikal, daß sie alle zukünftigen Kompromisse ausschloß. Lou schrieb darüber: „Aber neben diesem negativen Ergebnis behielt gerade das Kindische am Gott-Entschwund auch das Positive, mich mit ebensolcher Unwiderruflichkeit ins Leben des Wirklichen um mich gewiesen zu haben. Ich weiß gewiß, daß für mich – autobiographisch nach bestem Wissen und Gewissen geurteilt – mir ins Gefühl hineingeschwirrte Gott-Ersatzbildungen dies nur hätten schmälern können, abbiegen, beeinträchtigen."

Lou wurde jedoch keinesfalls eine Atheistin, sondern eher eine Nicht-Theistin. Denn jenes innere Gewahrsein von der größeren, wir würden heute vielleicht sagen „spirituellen" Dimension der Existenz, das den menschlichen Geist dazu drängt, sich eine Vorstellung zu schaffen, hat sie durchaus nicht verloren. Es blieb ihr Lebensthema und war wohl jener Punkt, an dem sie mit Freud am wenigsten übereinstimmte.

Eindeutig und überzeugend faßte sie diese grundlegende Haltung, aus der heraus sie gelebt hatte, im Alter zusammen: „Was für mich nun vor allem daraus bewirkt wurde, ist das Positivste, davon mein Leben weiß: eine durchschlagende Grundempfindung unermeßlicher Schicksalsgenossenschaft mit allem, was ist ... und nicht einmal menschenbezogen allein, sondern miteinbeziehend gleichsam noch den kosmischen Staub in diese Bereitschaft. Gerade infolgedessen unbeeinflußt von menschlich-gegebenen Maßstäben oder Wertänderungen außerhalb des momentanen Eindrucks: als gebe es sozusagen kein Ding, nichts, was extra zu rechtfertigen, zu erhöhen oder zu entwerten sei neben dem Umstand seiner Existenz als Verbundenheit ... es sei denn, ihm diese letzte Ehrfurcht zu versagen, an der alles mit uns selbst teilhat, indem es gleich uns *ist*.

Damit ist mir das Wort entschlüpft, woran man, wenn man will, leicht einen seelischen Restbestand aus dem alten Gottverhältnis festlegen dürfte. Denn wirklich ist mir lebenslang kein Verlangen unwillkürlicher gewesen als das, Ehrfurcht zu erweisen – als käme erst in einigem Abstand davon alles übrige Verhalten zu etwas oder zu wem ...

Ich muß unlogischerweise gestehen: müßte Ehrfurcht der Menschheit verlorengehen, so wäre jede Art von Gläubigkeit, sogar absurdeste, noch dem vorzuziehen."

Es war ein langer Prozeß, der vom kindlichen Verlust eines personalen Gottesbildes bis zu dieser im besten Sinne freigeistigen Einstellung führte. Zuerst einmal hielt sie ihre zunehmende Distanzierung vom Glauben vor der Familie geheim. Erst als die Konfirmation auf sie zukam, sah sie keine andere Möglichkeit mehr, als sich dem Wunsch des Vaters zu widersetzen. Lous Biograph Heinz Frederick Peters beschreibt das damals siebzehnjährige Mädchen als eigenwillig und starrköpfig; es muß sie große Überwindung gekostet haben, Rücksicht auf des Generals schwere Krankheit zu nehmen und sich seinem Willen wenigstens zeitweilig zu beugen. Die Krise war programmiert – aber es wurde ihr erspart, daß sie zum Ausbruch kam, denn noch vor dem Zeitpunkt der Konfirmation starb der geliebte Vater.

Der Schmerz über diesen Verlust wurde dadurch gemildert, daß sie die entstandene Lücke mit einer anderen Vaterfigur besetzen konnte – dem gutaussehenden, weltgewandten, charmanten und geistreichen Pastor Gillot. Der Holländer Hendrik Gillot, zweiundvierzig Jahre alt, verheiratet und Vater zweier Töchter in Lous Alter, war Hauslehrer der Kinder des Zaren und ein hochgeschätzter brillanter Prediger. Von ihrer ersten Begegnung an war die gegenseitige Anziehung für beide Seiten offensichtlich, wenn auch mit recht unterschiedlichen Akzenten. Während das geistig sehr rege, körperlich und emotional jedoch noch recht kindliche Mädchen Gillot mit schwärmerischer, ja geradezu ekstatischer Verehrung maßlos erhöhte, verliebte sich der Pastor auf höchst irdische Weise in sie.

Gillot hoffte sie ihrer Phantasiewelt zu entreißen, indem er ihren Verstand mir riesigen Mengen von Wissen nährte. Sie befaßte sich mit den Hochreligionen, mit Religionsgeschichte und den Riten primitiver Gesellschaften, mit Philosophie, Metaphysik und Erkenntnistheorie, sie las die klassische deutsche und französische Literatur – in ihrem ungeheuren Wissenshunger brauchte sie nicht mehr als ein paar Monate, um sich den größten Teil des westlichen Kulturerbes einzuverleiben.

Während Lou nichtsahnend in ihrer Anbetung verharrte, unternahm der Pastor heimlich das, was sie „die familiären Vorbereitungen zur Verbindung zwischen uns" nannte; das heißt wohl, daß er sich scheiden ließ oder zumindest die Scheidung einleitete. Zugleich band er das Mädchen immer fester an sich, etwa, indem er ihr erlaubte, Predigten für ihn zu schreiben, die er dann wortgetreu vortrug. Doch als er ihr seine Leidenschaft gestand und um ihre Hand anhielt, sank sie nicht etwa begeistert in seine Arme, sondern wandte sich entsetzt und empört von ihm ab.

Im „Lebensrückblick" spiegelt sich die geistige Treue, die Lou ihrem Freund und Lehrer dennoch hielt. Sie äußert kein Wort des Vorwurfs, beschuldigt vielmehr sich selbst des menschlichen Unvermögens: „Dieser Erzieher und Lehrer ... half mir unter anderem durchzusetzen, daß er mich für weitere Studien in Zürich vorbereiten dürfe. So wurde er ...

ebenso geschenkreich wie der einstige ‚göttliche Großvater‘, der nur immer Wünsche erfüllte: als würde er Herr und Werkzeug in Einem, Führer und Verführer zu meinen eigensten Absichten. Wieviel infolgedessen an ihm hängen bleiben mußte von einem Duplikat, Doppelgänger, revenant des lieben Gottes, erwies sich erst an der Unmöglichkeit bei mir, die Liebessache real und menschlich zum Abschluß zu bringen."

Trotz des mangelnden Happy-Ends bewahrte Lou Gillots Andenken als ihre „erste große Liebe" in ihrem Herzen. Die einige Jahre später folgende Wiederholung des Dramas, diesmal mit Friedrich Nietzsche, weist ähnliche Bausteine der Beziehung auf: Wieder war es der brillante Geist des Mannes, seine Inspiration, die sie anzog, und wieder war es sein männliches Liebesverlangen, das sie abstieß. Hatte sie auch als Einundzwanzigjährige, als sie Nietzsche begegnete, die pubertäre Phase des Vergöttlichens und Anbetens überwunden, so war sie doch seinen Gefühlen gegenüber ganz blinde Unschuld.

Bald nach des Vaters Tod und der „Gillot-Affäre" hatte Lou es durchgesetzt, nach Zürich reisen und dort studieren zu dürfen, wenn auch, was ihr weniger behagte, in Begleitung ihrer Mutter; denn wenn auch Lou, die ihrer Zeit in dieser Beziehung fast um ein Jahrhundert voraus war, es für völlig natürlich hielt, als Mädchen allein zu leben und zu studieren, so war es doch nach allgemeinem Ermessen ganz undenkbar, daß sich eine höhere Tochter in eine solch kompromittierende Situation begab.

Schlimm genug, daß dieses Kind, anstatt dem mütterlichen Vorbild nachzueifern, mit seinem ebenso hübschen wie eisernen Dickschädel solch unangemessenen Vorstellungen folgte. Frau von Salomé muß wohl mit einem weinenden und einem lachenden Auge den Brief gelesen haben, den der Theologe Biedermann, einer der Professoren, bei denen Lou studierte, später an sie schrieb: „Ihr Fräulein Tochter ist ein weibliches Wesen ganz ungewöhnlicher Art: von kindlicher Reinheit und Lauterkeit des Sinns und zugleich wieder von unkindlicher, fast unweiblicher Richtung des Geistes und Selbständigkeit des Willens ..."

Diese „unweibliche Richtung des Geistes" verführte Lou zu geradezu besessener Arbeit, und als nach einiger Zeit zu bedenklichen Anzeichen geistiger Überanstrengung noch eine tuberkulöse Erkrankung hinzukam, verfrachtete Frau von Salomé ihre Tochter kurzerhand nach Rom, wo Lou durch die Vermittlung eines ihrer Professoren bei der schon betagten Malwida von Meysenburg, einer der großen Gestalten der deutschen Frauenbewegung, eingeführt wurde.

Zu Malwidas Freunden gehörten Friedrich Nietzsche, damals fast doppelt so alt wie Lou, und dessen Freund, der zweiunddreißigjährige privatisierende Philosoph Paul Rée, mit dem sich Lou innig anfreundete. Daß dieses temperamentvolle Mädchen, groß, schlank und von kühler Schönheit, nichts anderes im Sinne hatte als eine rein geistige Freundschaft, konnte der junge Mann nicht wissen; und so kam es, wie es kommen mußte: Im Laufe heimlicher nächtlicher Streifzüge durch Rom verliebte Rée sich in sie. Als er sich erklärte, explodierte Lou geradezu vor Empörung, daß sie wieder einmal geheiratet werden sollte. Nichts lag ihr ferner; sie hegte vielmehr eine phantastische, in einem Traum geborene Idee von einer „Menage à droit" mit zwei Männern, deren einer Paul Rée sein sollte, während der andere noch zu suchen sei. Der Biograph Peters liefert eine eigene Interpretation zu dieser emanzipatorischen Laune der jungen Lou: „Den merkwürdigen Traum schrieb sie später ihrer jugendlichen Naivität zu, er zeigt aber auch die stark maskuline Komponente ihres Wesens. Denn wenn Träume Wunscherfüllungen sind, wünschte Lou sich unbewußt, ein Mann zu sein, ebenso wie sich ihre Mutter vor ihrer Geburt einen Sohn gewünscht hatte."

Obwohl Rée diesen Vorschlag als überaus ungehörig empfand, zog er ihn doch in Erwägung, denn Lou beharrte so nachdrücklich auf dieser und keiner anderen Art der Beziehung, daß die Alternative nur hätte sein können, sie aufzugeben. Ja er ging sogar so weit, seinen alten Freund Nietzsche als gereiftere Ergänzung fürs intellektuelle Triumvirat vorzuschlagen. Ganz außer sich vor Entsetzen waren hingegen Lous Mutter und die in Moralsachen gar nicht revoluzzerische Frau Malwida. Lous Mutter drängte heftig darauf, nach Rußland heimzukehren, wo sie die ungebärdige Tochter wieder in den Schoß der Familie einbetten wollte; und selbst Gillot, an den Lou sich um Schützenhilfe wandte, fand nur Worte des Tadels. Der Antwortbrief an ihn spiegelt anschaulich Lous Gemütslage zu jener Zeit: „Ihren Brief habe ich gewiß schon 5 Mal gelesen, aber kapiert hab ich ihn noch immer nicht. Was, in Dreiteufelsnamen, hab ich denn verkehrt gemacht? Ich dachte ja, Sie würden gerade jetzt des Lobes voll über mich sein. Weil ich doch gerade dabei bin zu beweisen, wie gut ich seinerzeit meine Lektion bei Ihnen gelernt habe. Erstens indem ich doch ganz und gar nicht einer bloßen Phantasie nachhänge, sondern sie verwirklichen werde, und zweitens, indem es durch Menschen geschehen soll, die wie direkt von Ihnen ausgesucht erscheinen, nämlich vor lauter Geist und Verstandesschärfe schon fast platzen."

Und ein wenig später pariert sie seine Vorhaltungen, daß er ihre Beschäftigung mit dem Höhergeistigen ja nur als „Übergang" für sie gemeint habe – wobei er allerdings auf den Hinweis verzichtete, daß er sie nach diesem besagten Übergang gern im Hafen der Ehe, und zwar mit ihm und sonst niemandem, gesehen hätte: „Ja, was nennen Sie Übergang? Wenn dahinter andere Endziele stehen sollen, solche, für die man das Herrlichste und Schwererrungenste auf Erden aufgeben muß, nämlich die Freiheit, dann will ich immer im Übergang stekkenbleiben, denn das geb ich nicht dran. Glücklicher als ich jetzt bin, kann man bestimmt nicht werden, denn der frisch-fromm-fröhliche Krieg, der nun wohl losgehn wird, schreckt mich ja nicht, im Gegenteil, der soll nur losgehn."

Lous Kampfeslust hatte sich kaum entfaltet, da glättete gerade jener die Wogen, der später ganz besonders gewichtig Lous Skandalkonto belasten sollte: Friedrich Nietzsche betrat, von Rée herbeigelockt, den römischen Schauplatz, und wenn vom zukünftigen Ruhm auch noch nicht viel zu spüren war und er seine Professur seines schlechten Gesundheitszustandes wegen hatte aufgeben müssen, trat er doch respektabel genug auf, um die bestürzte Mutter zu beruhigen. Lou beschreibt den

Beginn ihrer Beziehung zu Nietzsche, der offenbar tief von ihr beeindruckt war, eher kühl: „Seine erste Begrüßung meiner waren die Worte: ‚Von welchen Sternen sind wir hier einander zugefallen?' Was so gut begann, erfuhr dann aber eine Wendung, die Paul Rée und mich in neue Besorgnis um unsern Plan geraten ließ, indem dieser Plan sich durch den Dritten unberechenbar verkompliziert fand. Nietzsche meinte damit freilich eher eine Vereinfachung der Situation: er machte Rée zum Fürsprecher bei mir für einen Heiratsantrag. Sorgenvoll überlegten wir, wie das am besten beizulegen sei, ohne unsere Dreieinigkeit zu gefährden.“

Sie blieb ein Traum, diese Dreieinigkeit, für Lou das Siegel ihres Freiheitswillens, für die beiden Männer eine Kompromißlösung, von der ein jeder hoffte, daß sie zu seinen Gunsten enden würde. Frau von Salomé vertraute ihre Tochter schließlich der Obhut von Rées Mutter an und fuhr einigermaßen beruhigt nach Hause. Zuvor machte man jedoch noch einen Umweg in die Schweiz, und dort, bei einem Spaziergang Lous mit Nietzsche auf den Monte Sacro, wo sie zum ersten Mal in ihrer Bekanntschaft allein miteinander waren, bahnte sich jene innere Tragödie an, die ihren Niederschlag schließlich in Nietzsches bitterbösen frauenfeindlichen Äußerungen in seinem Werk „Also sprach Zarathustra“ fand. Was während jenes Spaziergangs geschah, behielt Lou für sich, und es läßt sich nur aus Andeutungen rekonstruieren. Rée schrieb später an Lou von einem „ungeheueren General-Pardon“, den er ihr für die Begebenheit auf dem Monte Sacro gewähre, und Nietzsche schwebte ganz offensichtlich im siebten Himmel, als er ihr bald danach schrieb: „Was ich nie mehr glaubte, einen Freund meines letzten Glücks und Leidens zu finden, das erscheint mir jetzt als möglich – als die goldene Möglichkeit am Horizont all meines zukünftigen Lebens. Ich werde bewegt, so oft ich nur an die tapfere und ahnungsreiche Seele meiner lieben Lou denke.“

Mochte es auch ein zärtliches Zwischenspiel gewesen sein – Lou wollte jedenfalls später nichts von einer Fortsetzung wissen; dennoch nahm sie eine Einladung Nietzsches ins thüringische Tautenburg an, wo er – noch voller hochgestimmter Hoffnungen – mit seiner Schwester Elisabeth für diesen Zweck ein Häuschen gemietet hatte. Vielleicht war es Mitleid, das sie dazu bewog, vielleicht auch Eitelkeit angesichts der Verehrung, die ihr der außergewöhnliche Mann zu Füßen legte; wahrscheinlich aber ist es, daß ihre Begeisterung für seine ekstatischen geistigen Höhenflüge, gepaart mit jugendlich-narzißtischer Ignoranz seinen Gefühlen gegenüber, sie aller Bedenken enthob. Nietzsche schrieb in einem Brief an einen Freund über diese Ferienwochen: „Das Nützlichste aber, was ich in diesem Sommer getan habe, waren meine Gespräche mit Lou. Unsere Intelligenzen und Geschmäcker sind im Tiefsten verwandt – und es gibt andererseits der Gegensätze so viele, daß wir füreinander die lehrreichsten Beobachtungsobjekte und -subjekte sind. Ich habe noch niemanden kennengelernt, der seinen Erfahrungen eine solche Menge objektiver Einsichten zu entnehmen verstünde."

Für Lous Gefühl waren sie trotz aller Redefreude „weltfern voneinander", obwohl sie sein Denken mit intuitiver Klarsicht zu deuten wußte, bevor noch irgend jemand anderer ahnte, welche Richtung seine philosophische Entwicklung schließlich nehmen würde. Sie notierte damals: „Der religiöse Grundzug unserer Natur ist unser Gemeinsames und vielleicht gerade darum so stark in uns hervorgebrochen, weil wir Freigeister im extremsten Sinne sind. In Nietzsches Charakter liegt ein Heldenzug, und dieser ist das Wesentliche an ihm, das, was allen seinen Eigenschaften und Trieben das Gepräge und die zusammenhaltende Einheit gibt. Wir erleben es noch, daß er als der Verkünder einer neuen Religion auftritt, und dann wird es eine solche sein, welche Helden zu ihren Jüngern wirbt."

Während Lou sich eindeutig distanzierte, hielt Nietzsche noch einige Zeit an seiner Hoffnung fest, bis seine leidenschaftlichen Gefühle schließlich in glühenden Haß umschlugen. Als er erfuhr, daß Lou mit Rée in Berlin eine gemeinsame Wohnung bezogen hatte, fand er kein gutes Wort mehr für sie. Er bezeichnete sie als „dürres schmutziges übelriechendes Äffchen mit falschen Brüsten" und bezichtigte sie „geschlechtlicher Verkümmerung". Lou blieb sein Geifern weitgehend verborgen, denn Rée fing die gräßlichen Briefe ab und verheimlichte ihr auch den Terror der eifersüchtigen Schwester Nietzsches, die das böse Märchen von Lous unmoralischem Lebenswandel publik machte und den Familien Rée und Salomé drohte, bei der Polizei Lous Ausweisung nach Rußland zu fordern.

Mit der Besessenheit des Verzweifelten stürzte sich Nietzsche auf die Arbeit an „Also sprach Zarathustra", um dem „Abgrund von Gefühlen", wie er es nannte, zu entgehen, und lud in diesem Werk einen guten Teil seines Ressentiments gegen die unzugängliche Geliebte in der Form der Abwertung des gesamten weiblichen Geschlechts ab. Lou ihrerseits zierte sich nicht, Kapital aus der Begegnung zu schlagen. 1884, als Dreiundzwanzigjährige, veröffentlichte sie ein Buch über ihn und gab darin Briefe preis, die er an sie geschrieben hatte, und es störte sie keineswegs, daß der Eindruck entstand, sie habe viel länger als nur einen Sommer lang mit ihm in Verbindung gestanden. In ihren Memoiren versieht Lou die Nietzscheaffäre mit einem versöhnlichen Schlußakzent. Da heißt es: „Viel später stand Nietzsche wohl selber unwillig zu den von ihm veranlaßten Gerüchten; denn wir erfuhren durch Heinrich von Stein, der uns nahe stand, folgende Episode ... Er plädierte vor Nietzsche für die Möglichkeit, die entstandenen Mißverständnisse zwischen uns dreien zu beseitigen; doch Nietzsche antwortete kopfschüttelnd: ,Was ich getan, das kann man nicht verzeihen.'"

Lou genoß es, berühmt zu sein, und ließ sich im Kreis der jungen Intelligenzija Berlins feiern. Daß sie nicht nur berühmt, sondern auch berüchtigt war – wofür vor allem Nietzsches Schwester gesorgt hatte –, brachte sie nicht aus der Ruhe, so wie sie auch später nie einen Gedanken an den schillernden Ruf, den die prüde Männergesellschaft ihr anhängte, verschwendete.

Ein Jahr nach dem Nietzsche-Buch veröffentlichte sie unter dem männlichen Pseudonym Henri Lou ihren psychologischen Roman „Im Kampf um Gott". Rée hatte ihr geraten, irgend etwas zu schreiben, um ihrer Familie zu beweisen, daß sie nicht deshalb fern von daheim sein wollte, um ein Lotterleben zu führen, sondern daß sie sehr ehrbare Gründe dafür hatte. Das Buch, von Nietzsche abfällig als „geradezu komisch" bewertet, hatte großen Erfolg und bekam phantastische Kritiken. Lou hatte erreicht, was sie mehr als alles andere wollte: sie war frei.

Nach der Darstellung des Biographen Peters hatte Lou nie eine intime Beziehung zu Paul Rée, ebensowenig wie zu anderen Verehrern in dieser Zeit. Er war ihre Rückendeckung, er stand in ihrem Schatten, und er liebte sie mit tragischer Ergebenheit. Als Lou ihren zukünftigen Ehemann Friedrich Carl Andreas kennenlernte und Rée erklärte, daß sie heiraten würde, ging er weg und kam nie wieder. Er stürzte 1901 in den Bergen an einer Stelle ab, an der er einst mit Lou glücklich gewesen war. Ob es ein Unfall oder Selbstmord war, ließ sich nie klären.

Man sollte meinen, daß sich Lous Liebesleben nun normalisiert habe, nachdem sie im Ehehafen angelegt hatte. Aber das Leben dieser ungebärdigen jungen Frau ragte über alle Normen hinaus, mehr denn je zuvor. Die Ehe war für sie nicht die Erfüllung eines Mädchentraums, sondern eher eine Falle, in die sie schicksalhaft geriet. In ihren Memoiren klingt es fast so, als ob sie wünschte, sie hätte sich nie auf diese Ehe eingelassen; denn rückblickend schreibt sie: „Paul Rée, dem nichts schwerer fiel, als zu glauben, man habe ihn lieb, sah in diesem Schritt einen Beweis innerlich bereits vollzogener Trennung und zog daraus alle Konsequenzen; später sogar die des Hasses. Er ahnte nicht, daß niemals – weder vorher noch nachher – mir der Freund, der er war, auch nur annähernd so not tat wie zu jener Stunde. Denn der Zwang, unter dem ich den nie mehr zurückzunehmenden Schritt tat, trennte mich nicht von ihm, sondern von mir selbst."

Der „Zwang", von dem sie spricht, ist nun allerdings ein Umstand, den Lou kaum selbst zu erklären wußte. Sie sprach von einer „Gewalt des Unwiderstehlichen", der Wirkung von einem Etwas, das man ebensogut mit etwas „Übergroßem, Gewalttätigem" wie mit dem „Zartesten, ganz Hilflosen" vergleichen könne, für das jedoch kein angemessener Ausdruck zu finden sei. Hinter dieser eigenartigen Mystifikation verbirgt sich ein Ereignis am Vorabend ihrer Verlobung, dessen psychopathologische Qualität Lou später lieber unter einem Schleier numinoser Schicksalhaftigkeit verborgen sah: „Mein Mann trug, für abendliche Heimgänge in seine damals sehr entlegene Wohnung, ein kurzes, schweres Taschenmesser mit sich. Es hatte auf dem Tisch gelegen, an dem wir uns gegenüber saßen. Mit einer ruhigen Bewegung hatte er danach gegriffen und es sich in die Brust gestoßen."

Es ist kaum zu verstehen, warum sich ein höchst eigenständiges, freiheitssüchtiges, von ihrer Welt gefeiertes junges Mädchen auf diese Weise zur Ehe erpressen ließ. Er muß schon ein seltsam beeindruckender Mann gewesen sein, dieser untersetzte, bärtige Vierziger, Orientalist, geboren auf Java, mit einem Rest Malaienblut in den Adern, stolz und leidenschaftlich, in vielen Sprachen zu Hause, leidenschaftlicher Gelehrter und während seines Aufenthalts in Persien als Heilpraktiker hochgerühmt, aber in der deutschen akademischen Landschaft ganz offensichtlich nicht am rechten Platz. Wo ihm der äußere Erfolg versagt geblieben war, brauchte er wohl um so mehr den privaten. Er wollte Lou um alles in der Welt haben, selbst um den Preis, Paul Rée weiterhin an ihrer Seite zu dulden. Lou vermochte der Erpressung nicht standzuhalten, aber der Preis, den er für seinen Sieg zu entrichten hatte, war dennoch hoch: seine Frau war sie dreiundvierzig Jahre lang nur auf dem Papier, im Bett war sie es nie. Lapidar erklärt sie im „Lebensrückblick": „Ich verhielt mich also in diesem Punkte ähnlich neutral wie zum Gefährten meiner Jugend auch. Aber dort hatte dies seinen Grund gehabt in etwas, das ... nicht umhin kann, das Gefühl auch der tiefsten Freundschaft von der Liebe abzugrenzen. Dann hätten auch andere Hemmungen wirksam sein können, von denen so viele Frauen wissen. Doch meiner spätern Jugend Erfahrungen widerlegen hier auch das Zutreffen solcher Einordnungen."

Diese Ehe jenseits aller Einordnungen bestand dennoch bis zum Tod ihres Mannes, während sie jedoch mehr auswärts als zu Hause lebte. Andreas nahm sie wohl, wie sie war, nachdem ein etwas gewalttätiger Versuch, seine ehelichen Rechte durchzusetzen, ihm lediglich Würgmale am Hals beschert hatte. Lou schreibt von einer versöhnten Zeit im Alter, in der sie so zutiefst geschwisterlich miteinander verbunden waren, daß er sogar, wie sie schreibt, „voller Mitfreude" sagen konnte: „Du bist so glücklich gewesen!"

Wann Lou tatsächlich begann, das Liebesglück in den Armen eines Mannes zu erkunden, hat sie der Nachwelt verschwiegen. Warum sie so lange wartete, läßt sich aus der Erzählung „Fenitschka" herauslesen, die wie die meisten ihrer belletristischen Arbeiten auf persönlichen Erlebnissen basiert. Darin erklärt die Heldin, daß all die Männer, die zuerst den Intellekt in ihr suchten und ansprachen, nie genügend leidenschaftliche Gefühle in ihr zu wecken wußten. Und sie sagt: „Ich wartete darauf, daß die Freundschaft in mir bis zur Liebe stiege – sie stieg auch zuweilen, immer höher und höher – aber nicht in die Liebe hinein – sie wurde dann zugleich immer dünner und spitzer, und eines Tages brach die Spitze ab."

Auch in ihrem Essay über Erotik, das 1910 erschien, verfocht sie die These von einer nur vorübergehenden, rauschhaften Vereinbarkeit von Geistigem und Erotischem und erklärte die Untreue als das Prinzip, auf dem das natürliche Liebesleben aufgebaut sei. Tatsächlich mußte sie ihre großen Lieben stets nach einiger Zeit wieder verlassen und hatte nie den Drang, ihnen Dauer zu geben. Am schmerzlichsten traf dies den jungen Rainer Maria Rilke, dem sie nach vier Jahren den Abschied gab – obwohl sich gerade in der Beziehung zu ihm die Kluft in ihr geschlossen hatte, die bis dahin geistige Übereinstimmung und Liebesglück so unvereinbar erscheinen ließ.

Lou war sechsunddreißig Jahre alt, als sie den einundzwanzigjährigen Dichter kennenlernte. Sie hegte für den schmächtigen jungen Mann zunächst wohl eher mütterliche Gefühle; er hingegen verliebte sich augenblicklich glühend in sie. Von seiner Dichtkunst hielt sie anfangs nicht allzuviel. In ihren Briefen an ihn gab sie ganz offen zu, daß ihr die Überschwenglichkeit und Sentimentalität seiner frühen Gedichte mißfiel. Doch wie hätte sie diesem ebenso ungestümen wie überzeugten Werben widerstehen können, das in einem seiner ersten Gedichte für sie zum Ausdruck kommt:

„Ich bin Dir wie ein Vorbereiten
Und lächle leise, wenn Du irrst;
Ich weiß, daß Du aus Einsamkeiten
Dem großen Glück entgegenschreiten
Und meine Hände finden wirst."

Rilke hatte nicht zuviel prophezeit. Es war tatsächlich ein „großes Glück", das sie drei Jahre lang miteinander teilten. Obgleich Lou mehr Zeit bei Rilke als zu Hause verbrachte und der junge Dichter sogar gelegentlich als Gast bei dem Ehepaar Andreas logierte, hatte Lous Mann nie den geringsten Verdacht. Es war, als lebte sie zugleich auf zwei verschiedenen Ebenen, die einander nicht berührten. Vierzig Jahre später schrieb sie in ihren Memoiren – weniger *über* ihn als *an* ihn, den längst Toten: „War ich jahrelang Deine Frau, so deshalb, weil Du mir das erstmalig Wirkliche gewesen bist, Leib und Mensch ununterscheidbar eins, unbezweifelbarer Tatbestand des Lebens selbst."

In dieser Beziehung konnte sie alle Aspekte ihrer Weiblichkeit entfalten: Sie war ihm Geliebte, Muse, Schwester, Mutter und Lehrerin in einem. Unter ihrem Einfluß reifte seine schöpferische Kraft; ihre Arbeitsdisziplin lieferte ihm den Rahmen, in dem auch er sich disziplinieren konnte. Und sie öffnete ihm die Welt, indem sie ihn mit auf eine Rußlandreise nahm. So sehr steckte sie ihn mit der Liebe zu ihrem Heimatland an, daß er Russisch lernte – so gut übrigens, daß er später mit Übersetzungen aus dem Russischen für seinen Lebensunterhalt sorgen konnte –, sich mit russischer Literatur befaßte und mit Vorliebe russische Bauernkittel trug.

Auf dem Höhepunkt der Liebesbeziehung schrieb Rilke für Lou das berühmte Gedicht, das er in die Sammlung „Stundenbuch" aufnahm:

„Lösch mir die Augen aus: ich kann Dich sehn,

Wirf mir die Ohren zu: ich kann Dich hören,
Und ohne Füße kann ich zu Dir gehn,
Und ohne Mund noch kann ich Dich beschwören.
Brich mir die Arme ab, ich fasse Dich
Mit meinem Herzen wie mit einer Hand,
Halt mir das Herz zu, und mein Hirn wird schlagen,
Und wirfst Du in mein Hirn den Brand,
So werd ich Dich auf meinem Blute tragen."

Aber Rilkes ungeheuerer Anspruch an sie, seine hochneurotische Verfassung, die ihn in wirre Angstzustände trieb, wurden ihr schließlich unerträglich. Sie vollzog die Trennung vorsichtig, in kleinen Portionen, befürchtete sie doch, daß ihn ein plötzlicher Bruch völlig aus seinem labilen Gleichgewicht bringen würde. Gleichzeitig begann sie, sich intensiv mit aller verfügbaren psychologischen Literatur zu befassen, um möglicherweise einen Anhaltspunkt zu finden, wie ihm zu helfen wäre. Und dabei stieß Lou auf die Psychoanalyse Sigmund Freuds.

In der Zeit der Ablösung von Rilke spielte ein Mann eine bedeutende Rolle in ihrem Leben, den sie weder in ihren Memoiren noch sonst in irgendeiner Schrift erwähnt. Sie litt an Herzanfällen und Ohnmachten, grämte sich über den Tod ihres früheren Freundes Rée und befand sich in einem so schmerzhaften seelischen Tief, daß sie an Selbstmord dachte. In dieser Not wandte sie sich an einen alten treuen Freund, den Wiener Arzt Friedrich Pineles. Er liebte sie, sie liebte ihn, sie wurde schwanger – sie hätte ein neues Leben beginnen können, denn Pineles drang auf ihre Scheidung und wollte sie heiraten. Aber eine so einfache Lösung war für Lou offensichtlich nicht lebbar. Sie verlor das Kind, als sie beim Apfelpflücken von einer Leiter fiel, und sie trennte sich unter Qualen von dem Mann, mit dem sie die intensivste sexuelle Beziehung ihres Lebens gehabt hatte. So jedenfalls stellen es die Biographinnen Ursula Welsch und Michaela Wiesner dar, und darin sehen sie auch den Grund, weshalb Lou ihn aus ihrer Erinnerung streichen wollte.

Nach dieser Episode zog sich Lou wieder mehr in ihr Göttinger Haus „Loufried" zurück, das ihr Nest war, aus dem sie immer wieder flüchten und zu dem sie stets zurückkehren mußte. Ihr Mann ließ sie ihr eigenes Leben führen, ließ sie reisen, wann und wohin sie wollte – aber niemals durfte sie ihm erzählen, was sie erlebt hatte.

Lous fünfzigstes Lebensjahr brachte jene Wende, auf die sie hingelebt hatte, seitdem ihr klargeworden war, daß die Schriftstellerei sie nicht genügend befriedigte. Sie hatte immer gern über die Seelenlabyrinthe der Menschen geschrieben, aber die lebendigen Menschen begannen sie nun weit mehr zu interessieren. P. Bjerre, ein schwedischer Freud-Schüler, den sie 1911 bei einem Schweden-Besuch kennenlernte, wurde ihr Wegbereiter zur Psychoanalyse. Die Liebesaffäre, in welche sich Bjerre weit tiefer verstrickte als Lou, währte nicht lange; aber die an seiner Seite erworbene Begeisterung für die Psychoanalyse sollte Lou ihr Leben lang nicht mehr aufgeben. Noch bevor sie mit Freud in eine enge freundschaftliche Beziehung trat, stellte sie sich in Diskussionen vor ihn und seine Lehre und wies Kritiken mit Elan und Geschick zurück. So konterte sie zum Beispiel Bjerres Festhalten an der medizinisch-anthropologischen Ganzheitslehre und dem dort entnommenen Begriff „Psychosynthese" mit den Worten: „Ach was, lieber Bjerre, streiche doch endlich das Wort Psychosynthese: ich fühle genau, was du meinst. Du mußt die Früchte nicht pflücken, bevor sie reif sind. Man darf einem Geist, den sein Genius die abschüssig scheinende Bahn bergab reißt – und was ist das psychoanalytische Verfahren zuerst einmal anderes? –, keinen Stopp einschalten: laß ihn fallen, glaube mir, er fällt richtig. In Jahren kann man vielleicht einmal wieder von Psychosynthese sprechen, aber nicht heute; erst muß die Analyse aufräumen mit allem, was Halt verspricht."

Beim dritten psychoanalytischen Kongreß in Weimar, den Lou mit Bjerre zusammen besuchte, lernte sie Freud kennen, der allerdings ihre offensichtliche Begeisterung für die Psychoanalyse nur distanziert belächelte. Den Ausschlag dafür, daß er die skandalumwitterte einundfünfzigjährige Frau zu seinen Studienseminaren zuließ, gab ein Brief seines alten Freundes und Jüngers Karl Abraham. Dieser schrieb: „Eine Besucherin des Weimarer Kongresses, Frau Lou Andreas-Salomé, war jetzt einige Zeit in Berlin. Ich habe sie genau kennengelernt und muß sagen, daß ich einem solchen Verständnis der Psychoanalyse bis ins Letzte und Feinste noch nicht begegnet bin. Sie kommt im Winter nach Wien und möchte gern den dortigen Sitzungen beiwohnen."

Schnell konnte sich Freud von ihrer hervorragenden Kenntnis seiner Schriften und ihrer brillanten Intelligenz überzeugen – und nichts hätte den Patriarchen, der sich dem weiblichen Geschlecht gegenüber meist recht uninteressiert verhielt, mehr für eine Frau einnehmen können als gerade dies. Sie wurde, soweit das bei Freud überhaupt möglich war, seine Vertraute. Ihr erzählte er von sich selbst, las ihr aus seinen neuesten Schriften vor und suchte in den Vorlesungen ihr Gesicht im Auditorium. Im November 1912, kaum vier Wochen nach Lous Studienbeginn in Wien, schrieb er ihr in einem Antwortbrief auf ihre Bitte um ein persönliches Gespräch: „Ich weiß nicht, ob Ihre Lebensgewohnheiten mit einer Diskussion nach zehn Uhr abends in Einklang zu bringen sind, meine freie Zeit beginnt nicht früher. Wenn Sie sich dazu entschließen können, mir zu so später Stunde die Ehre Ihres Besuches zu schenken, so möchte ich mich gerne verpflichten, Sie sicher nach Hause zu begleiten ... Ich vermißte Sie gestern in der Vorlesung und bin froh zu hören, daß Ihr Besuch im Lager des männlichen Protestes an der Verursachung Ihres Ausbleibens unschuldig ist. Ich habe die Unart angenommen, den Vortrag immer an eine bestimmte Person im Hörerkreis zu richten, und starrte gestern wie gebannt in die Sitzlücke, die man für Sie gelassen hatte."

Und ein paar Jahre später, als er sie beim Kongreß in Budapest nicht vorfand, schrieb er enttäuscht: „Alles wäre schön gewesen, aber ich hatte gehofft, Sie dort wiederzufinden, und – Sie waren nicht da! Sonst hätte ich Sie gesehen: das war die Enttäuschung!"

Während Freud in seinen Briefen bald die liebevolle Anrede „Liebste Frau Lou" einführte, blieb er für sie, obwohl objektiv nur fünf Jahre älter, immer der „Herr Professor". Sie internalisierte die Vaterfigur, als die er seinen Schülern gegenüber auftrat, wobei übrigens durchaus nicht jeder mit dieser Rollenverteilung so einverstanden war wie Lou – allen voran C. G. Jung und Alfred Adler. Mit Jung, der damals schon am Abspringen war, kam Lou nur kurz in Kontakt und übernahm in der Folgezeit ihm gegenüber Freuds ablehnende Position; mit Adler hingegen pflegte sie für eine Weile eine ziemlich ambivalente Bekanntschaft. Sie stritt leidenschaftlich mit ihm und besuchte ein Jahr lang parallel zu Freuds Vorlesungen den Adlerschen Diskussionskreis, wofür sie brav bei Freud die Erlaubnis einholte. Dies war „der Besuch im Lager des männlichen Protestes", von dem in Freuds erstem Brief die Rede war. Er hätte sich nicht zu sorgen brauchen; Lous Begeisterung für Adlers Theorien hielt sich in Grenzen. Auch seine Persönlichkeit sah sie recht kritisch. In ihrem Buch „In der Schule bei Freud" ist über die erste Begegnung mit ihm nachzulesen: „Er ist liebenswürdig und sehr gescheit. Mich störte nur zweierlei: daß er in viel zu persönlicher Weise von den obwaltenden Streitigkeiten sprach. Dann, daß er wie ein Knopf aussieht. Als sei er irgendwie in sich selbst sitzen geblieben ... Sachlich kamen wir nicht sehr weit. Auch nicht, als wir beim Nachtmahl ziemlich lebhaft über Psychoanalytisches in Streit gerieten."

Adler gefiel ihr nicht, wohl aber ein anderer Freud-Schüler – Viktor Tausk, damals fünfunddreißig Jahre alt, gebürtiger Kroate, gutaussehend und brillanter Diskussionsleiter in den Freud-Seminaren. Ihn begleitete sie in die Wiener Nervenklinik, wo sie drei Monate lang wichtige Erfahrungen in der Praxis der Psychoanalyse sammeln konnte. Der unglücklich verheiratete Vater zweier Söhne war binnen kurzem Hals über Kopf in die viel ältere Lou verliebt. An Verehrern hatte sie übrigens auch in Wien keinen Mangel; in einem Lebensalter, in dem andere Frauen längst zu Matronen, zu asexuellen Neutra erstarrt zu sein pflegten, sprühte die eigenwillige Lou vor intelligenter Schönheit und reifer Erotik. Die Biographen sind sich nicht einig in der Deutung dieser Beziehung zu Tausk. Welsch und Wiesner wollen eine Neuauflage von Lous Bruder-Tick darin sehen, Peters hingegen spricht ganz selbstverständlich von einer Liebesgeschichte – die übrigens wieder einmal für den Mann unglücklich endete. Es sei in diesem Kreis so viel von Sexualität die Rede gewesen, merkt Peters an, daß es in einer solch erotisierten Atmosphäre einfach dazu kommen mußte. Aus Lous Aufzeichnungen geht jedenfalls hervor, daß sie Tausk sehr nahestand, wie auch immer sich ihre liebevollen Gefühle manifestiert haben mögen. Und damit hatte sie es wieder einmal fertiggebracht, zwischen zwei Männer zu geraten.

Als Lou die Wiener psychoanalytische Szene betrat, herrschte zwischen Tausk und Freud bereits eine gespannte Atmosphäre. Tausk war ein komplizierter Mensch, und ebenso kompliziert waren seine Schriften. Der hervorragende Stilist Freud ärgerte sich über dieses Unvermögen seines zuerst so hoch geschätzten Schülers, und für dessen eigenständige Gedanken hatte er nur noch abfällige Kritik. Lou empfand eine tiefe innere Verwandtschaft mit Tausk; wie sie selbst war er osteuropäischer Herkunft, hatte wie sie die unmittelbare Emotionalität der Slawen, und ihr eigener Schreibstil war auch nicht gerade einfach – Welsch und Wiesner sprechen gar von „Sprachungeheuern", die ihre psychoanalytischen Schriften so schwer verständlich machten, daß die Nachwelt ihren Beitrag zur Psychoanalyse bis heute ignorierte. Erst in allerneuester Zeit beginnt das Interesse für ihre theoretische Arbeit zu erwachen: ein Beispiel dafür ist die Schrift der Göttinger Psychologin Inge Weber, „Narzißmus: Ursprung und Ziel des Ich, Gedankengänge von Lou Andreas-Salomé".

Lous Vermittlungsversuche zwischen Tausk und Freud hatten wenig Erfolg. Freud schrieb als Resümee an sie: „Ich weiß, daß Ihnen das Thema des Narzißmus auch durch den Anteil nahegebracht worden ist, den Sie an den Arbeiten von Tausk genommen haben. Aber seine Aufstellungen waren mir ganz unfaßbar. Ihr Interesse für ihn hat zur Folge gehabt, daß ich mir viel psychischen Zwang für ihn auferlegt habe; ich bin aber mit ihm nicht weitergekommen."

Tausk stand Freud gegenüber wie unter einem Bann, den Lou als ein „gewaltsam Sich-zum Sohn-Machen wie auch Den-Vater-dafür-Hassen" analysierte. Sie sah Tragik in diesem ambivalenten Verhältnis, sie hatte Verständnis für Tausk, aber ihr selbst ging seine neurotische Schwere offenbar auch auf die Nerven. Zur Hypothese einer rein geschwisterlichen Beziehung paßt wenig, daß sie nach einem knappen Jahr des ständigen Beisammenseins plötzlich völlig mit ihm brach und auch seine flehentlichen Briefe nicht beantwortete. Er wurde zum Kriegsdienst eingezogen und schrieb danach noch eine Abhandlung über Kriegspsychosen, die Lou positiv kommentierte. Doch Freud wollte ihn auch jetzt nicht akzeptieren, und Lou blieb weiterhin abweisend. Im Juli 1919 machte Tausk seinem Leben ein Ende.

Jene reife Lou, die sich mit Feuereifer auf die Psychoanalyse und auf interessante Menschen stürzte, wird in einer Aufzeichnung von Lou Albert-Lasard, einer Freundin Rilkes, sehr anschaulich geschildert. Rilke hatte Lou – stets seine letzte Zuflucht, wenn er in der Hölle seiner inneren Unruhen gefangen war – wieder einmal zu Hilfe gerufen. Von März bis Mai 1915 war sie bei ihm in München, und Lou Albert-Lasard schrieb darüber: „Wie groß aber war meine Überraschung, als mit ihr in unser stilles Leben ein wahrer Wirbelwind äußerer Ereignisse drang ... Vom Moment ihrer Ankunft an waren unsere Tage ausgefüllt von ihren Programmen. Des Morgens eine spiritistische Sitzung, nachmittags Historiker oder Astronomen, abends schließlich Psychoanalytiker, Schriftsteller oder Ärzte. Einzeln genommen, wäre jede dieser Versammlungen vielleicht interessant gewesen, aber dieses rasante Potpourri machte mich schwindlig ... Lou Andreas-Salomé hatte in ihrer glühenden Lebendigkeit, trotz ihres Alters und obwohl sie keinerlei Sorgfalt auf ihr Äußeres verwandte – sie ging in grauen Säcken, damals Reformkleider genannt, herum –, noch leidenschaftliche Verehrer. Ich sehe noch einen vor mir, dem ein abfälliges Wort von Lou die Tränen in die Augen trieb, so daß er vor Bestürzung sein Monokel zur Erde fallen ließ."

Der Krieg schnitt Lou endgültig von ihrer Heimat und ihrer Familie ab. Nicht zuletzt um den Schmerz darüber zu betäuben, stürzte sie sich vehement in die praktische und theoretische psychoanalytische Arbeit. Sie veröffentlichte kurz hintereinander die Werke „Zum Typus Weib", „Anal und Sexual", „Psychosexualität" und die kleine Schrift „Drei Briefe an einen Knaben", bezaubernde Aufklärungsbriefe, die sie an den heranwachsenden Sohn ihrer Freundin Helene Klingenberg geschrieben hatte.

Lou schrieb einmal, ihr Leben habe „der Psychoanalyse entgegengewartet", seitdem sie „aus den Kinderschuhen heraus war". Sie erklärte nachdrücklich, daß die Psychoanalyse sie nicht wegen des Bedürfnisses der Heilung eigener Neurose angezogen habe; sie hielt sich ganz offensichtlich nicht für neurotisch, obwohl ihre psychosomatischen Herzattacken und andere Leiden, ihre Ohnmachtsanfälle in Zeiten seelischer Belastung, ihre zwanghafte, asexuelle Bindung an ihren Mann und sonstige dramatische Zwiespältigkeiten in ihrem Wesen sie eines Besseren hätten belehren können. Aber vielleicht erklärte sie sich selbst diese Besonderheiten als Ausdruck der eigenen genialischen Veranlagung. Das Geniale sah sie durch die Psychoanalyse eher bedroht. Rilke jedenfalls riet sie von einer psychoanalytischen Behandlung ab, weil sie befürchtete, daß dadurch sein Genius zerstört würde.

Ohne Freud in ihr Tun einzuweihen, legte Lou schon 1913 mit eigener psychoanalytischer Tätigkeit los. Das war allerdings in der damaligen Situation nicht so ungewöhnlich. Die Ausbildung hatte ja noch nicht die akademisch strenge Form von heute, und konkrete Lehranalysen wurden erst ab 1926 üblich. Und man darf nicht vergessen, daß Lou bereits eine ausgereifte Persönlichkeit war, mit einer reichen Lebenserfahrung und einem echten und tiefen Interesse für Menschen, eine Voraussetzung, die für einen Therapeuten wohl mindestens ebenso wichtig ist wie die Kenntnis der psychologischen Theorie. Mit ihrem persönlichen Ansatz eines grundlegenden Vertrauens zum Leben stand sie in jener Zeit in Psychoanalytikerkreisen wahrscheinlich ziemlich allein. Schon zu Beginn ihrer psychoanalytischen Ausbildung schrieb sie in ihr Tagebuch, was ihr immer ein Leitfaden bleiben sollte: „Denn bei all der zergliedernden, negierenden Methode wollen wir ja zugleich in dieser so erkannten und beherrschten Welt heimisch werden: das heißt, auch unsere Liebes- und Einheitsbeziehung, trotz der Ichsonderung, irgendwie unterbringen. Und dies ist es eben, wozu in einer neuen Weise die Psychoanalyse verhilft. Denn sie ist es, die gewissermaßen alles wieder einbezieht in den einen lebenüberquellenden Punkt des Unbewußten, uns zusammenfaßt mit unserer Vergangenheit, und nicht nur mit *unserer*, und unbeschadet der Verstandesordnung, die wir draußen aufstellen, uns heimnimmt in die nie unterbrochene Ordnung allen Seins."

Den „Urgrund" nannte sie die nicht näher definierte – und wohl auch nicht definierbare – Matrix des Psychischen, in der diese unantastbare „Ordnung des Seins" herrscht, und nach ihrem Verständnis entsprangen alle kranken „Verknotungen und Mißratenheiten" ebenso wie Lebensfreude, Geistesklarheit und Mitgefühl dieser Quelle „seelischen Reichtums". Mit dieser Einstellung stand sie ganz eindeutig im Widerspruch zu Freuds abgrundtief pessimistischer Weltanschauung. Sie teilte ihm ihre Einstellung zwar mit, verzichtete jedoch darauf, sie entsprechend auszuarbeiten. In ihrer Schrift „Narzißmus als Doppelrichtung" ist das Dilemma zu spüren, das sich durch ihre Treue zu Freuds Lehre und deren Begrenzung einerseits und ihr eigenes, in weitere Dimensionen hinausgreifendes Denken andererseits ergab. Es läßt sich nur ahnen, welche Befreiung es möglicherweise für sie gewesen wäre, wenn sie ihre Freud-Fixierung aufgegeben hätte ...

Aus der Enge der psychoanalytischen Konzeption flüchtete sie sich immer wieder einmal ins belletristische Schreiben, teils erzählerisch, teils dramatisch. Es waren keine Meisterwerke, die dabei entstanden, aber sie hatte ihre, wie sie sagte, „heiße Freude" daran. Doch das Schwergewicht in ihren gesamten fünfundzwanzig letzten Lebensjahren lag auf der Psychoanalyse, auf ihrer Theorie und ihrer Anwendung. Im „Lebensrückblick" faßt sie diesen gewichtigen Aspekt ihres letzten

Lebensdrittels mit bemerkenswerter Kürze zusammen: „Während der Kriegs- und Nachkriegszeit nahm mehr und mehr meine Betätigung innerhalb der Freudschen Tiefenpsychologie die volle Breite meines persönlichen Lebens ein, sowohl als Forschung wie als Heilmethodik. Nichts gibt es, was kriegsmäßiger vor sich ginge, als das rückhaltlose Aufdecken all des Streitsüchtigen in uns bis an die Seelenfundamente. Nichts gibt es, was so bis *hinter* allen Kriegszustand brächte – auf einen Fußbreit Raum von Mensch zu Mensch am Rande des Friedens – wie das gemeinsame Betreten von unser aller seelischen Grundlage. Was geschah denn da –? Nur dies, daß ein Fremder eintrat in das Zimmer, ohne Liebe noch Haß empfangen, man selber sachlich hineingestellt in diese Arbeit – und doch zu Überwältigenderem, als sich außerhalb der lebendigen Mitarbeit sagen ließe."

Für die Art, wie Lou mit vollem persönlichen Einsatz therapeutisch arbeitete – oft übrigens mit Patienten, die Freud, als ihr Supervisor, ihr geschickt hatte –, bringt Peters ein anschauliches Beispiel: „Sie behandelte die verschiedensten Fälle von geistiger Erkrankung, von leichter Hysterie bis zur schweren Neurose. Still in ihrem Stuhl sitzend, lauschte sie den Geschichten, die ihre Patienten erzählten: so still, daß es schien, als sei sie eingeschlafen oder völlig in Gedanken versunken. In Wirklichkeit aber war sie ganz bei der Sache und wartete mit gespannter Aufmerksamkeit auf den kritischen Vorfall, den Satz, das Wort, das den Schlüssel zum jeweiligen Problem bot. Nichts konnte sie von dieser wachsamen Suche abhalten, nicht einmal Gefahr für Leib und Leben. So ergriff einmal eine Patientin, die unter akuter Angstneurose litt und zu Wutausbrüchen neigte, während der Analyse ein langes, spitzes Papiermesser, das auf dem Tisch lag, und bedrohte Lou damit. Lou sprang von ihrem Stuhl auf, lief um den Tisch herum, damit er immer zwischen ihr und der tobenden Frau blieb, und dachte dabei unablässig: ‚Horchen – nur horchen, was sie sagt.' Sie erwartete mit Recht, daß die wütenden Schimpfworte der Frau, die Schaum vor dem Mund hatte, den Schlüssel zum Wesen ihrer Krankheit lieferten."

Nach dem Tod ihres Mannes, der ohne langes Leiden 1930 an Krebs starb, ließ die alternde Lou sich endlich in Ruhe in ihrem Göttinger Haus nieder. Die Verbindung mit den alten Freunden, sofern sie noch lebten, hielt sie nur noch brieflich aufrecht. Rilke, mit dem sie bis zu seinem Tod korrespondiert hatte, war schon 1926 an Leukämie gestorben. Freud sah sie 1929 zum letzten Mal, als er sich in Berlin einer seiner vielen Krebsoperationen unterziehen mußte, und seine Tochter Anna besuchte sie 1932 zum letzten Mal in Göttingen. Doch innerlich gehörten die Freuds bis zuletzt zu jenen Menschen, die ihrem Herzen am nächsten standen. Inge Weber kommentiert in ihrem biographischen Abriß diese Konstellation: „Sie bildeten so im Grunde eine psychoanalytische Familie, in der sich – so meine persönliche Phantasie – Lou Andreas-Salomés möglicher Traum vom Glück verwirklicht haben mag, nämlich Freud zum ‚Vater‘ zu haben und Anna zur ‚Tochter‘ zugleich. (Vielleicht war es das, was Lou Andreas-Salomé und Freud durch eine Analyse nicht auflösen wollten)."

Nicht nur altersmäßig waren Lou und Anna ein höchst ungleiches Gespann. Die spröde, männerscheue Anna war fasziniert von Lous schillerndem, prallem Leben, und sie hätte wohl weit weniger Kontakt zum gesellschaftlichen Leben in Wien gehabt, wenn Lou sie nicht so häufig mitgeschleppt hätte. In Lou hatte Anna, die sich nur schwer jemandem öffnete, eine vertraute Freundin, bei der sie mit den intimsten Äußerungen ebenso auf Verständnis stieß wie mit ihren Gedanken zur Psychoanalyse. Wann immer sie zusammen waren, sprachen sie mit Feuereifer über ihre Arbeiten.

Vor allem Anna profitierte von dieser Gleichgesinntheit, und aus der unsicheren Psychoanalyse-Studentin, auf die erdrückend der väterliche Schatten fiel, wurde dank Lous Schützenhilfe eine eigenständige, sich selbst vertrauende Forscherin. Selbst Vater Freud fiel es auf, denn er schrieb: „Anna ist prächtig und selbstsicher, und ich denke oft daran, wieviel sie Ihnen verdanken mag."

Sosehr Lou Annas Entwicklung einer eigenständigen Kinderpsychoanalyse unterstützte, so wenig zögerte sie, gelegentlich abweichende Standpunkte deutlich zu machen. Doch hat dies die Freundschaft nie beeinträchtigt – anders als in einer früheren intimen Frauenbeziehung, die Lou siebzehn Jahre lang mit der Schriftstellerin Frieda von Bülow unterhielt. Über sie vermerkt Lou im „Lebensrückblick": „Mit Frieda lebte ich in fruchtbaren Debatten infolge unserer Verschiedenheit, die ich jedoch dankbarer vertrug als sie, die uns unabdingbar gleich haben wollte."

Dennoch fand auch diese nicht immer ungetrübte Freundschaft ihr Ende erst mit Friedas Tod im Jahr 1908. Frauen vermochte Lou im allgemeinen leichter die Treue zu halten als Männern, die sie allzuoft als enttäuschend empfand. Die letzte massive Enttäuschung erlebte sie wenige Jahre vor ihrem Tod durch ihren Neffen Konrad von Salomé, den jüngsten Sohn ihres Bruders Sascha. 1933 nahm sie den jungen Mann, der vor der bolschewistischen Revolution geflohen war, bei sich auf, und in einem Anfall alter Familiensehnsucht adoptierte sie ihn kurzerhand. Diesen übereilten Liebesdienst hatte sie bald zu bereuen. Konrad war vom Spielteufel besessen, und an seiner Tante interessierte ihn nichts anderes als nur der Geldbeutel.

Doch wie zu einer versöhnlichen Abrundung ihres Lebens lernte sie nach dieser bitteren Erfahrung den Freund ihrer letzten Jahre und späteren Nachlaßverwalter Ernst Pfeiffer kennen. Was als Lehranalyse begann, weitete sich bald zu reichhaltigen Gesprächen über Philosophie und schließlich über Allerpersönlichstes aus, so daß Pfeiffer später mit einem ganzen Schatz von Details aus Lous Leben ihre Biographie ergänzen konnte.

Lou Andreas-Salomé starb am 5. Februar 1937 in Göttingen eines sanften Todes, sechsundsiebzig Jahre alt und von Altersleiden weitgehend verschont. Sigmund Freud schrieb in seinem Nachruf über sie: „Sie war von ungewöhnlicher Bescheidenheit und Diskretion. Von ihren eigenen poetischen und literarischen Produktionen sprach sie nie. Sie wußte offenbar, wo die wirklichen Lebenswerte zu suchen sind. Wer ihr näher-kam, bekam den stärksten Eindruck von der Echtheit und der Harmonie ihres Wesens und konnte zu seinem Erstaunen fest-stellen, daß ihr alle weiblichen, vielleicht die meisten mensch-lichen Schwächen fremd oder im Lauf des Lebens von ihr überwunden worden waren."

Marie Bonaparte (1882–1962)

„Ich kenne Sie erst seit drei Wochen, und ich erzähle Ihnen mehr als anderen nach zwei Jahren", sagte der siebzigjährige Sigmund Freud zu seiner neuen Analysandin und Schülerin Marie Bonaparte, Prinzessin von Griechenland, einer schönen, reichen Frau der High-Society, und bis zu seinem Tod dreizehn Jahre später sollte sich diese spontane Vertrautheit bis zu dem äußersten Maße vertiefen, das dem spröden Patriarchen überhaupt möglich war. Er nannte sie „Prinzessin", wie es ihrem Titel entsprach, aber er verband dies, wie er selbst sagte, mehr mit der Erinnerung an seine jungen Jahre, als er ein junges Mädchen „Prinzessin" nannte, das später seine Ehefrau werden sollte.

In den Freud-Biographien erscheint die Prinzessin Bonaparte vor allem als Mäzenin des psychoanalytischen Verlags und als allzeit bereite Helferin des alten Sigmund Freud. Selbst in der fast neunhundert Seiten umfassenden neuen Freud-Biographie von Peter Gay sind ihr – wörtlich als „Freuds bemerkenswertester Rekrut der zwanziger Jahre" ausgewiesen – gerade knapp zwei Seiten gewidmet. Wie wichtig jedoch diese innige und hintergründig erotische Beziehung für Freud gewesen ist, wird wenig gewürdigt. Er habe nämlich, so gestand er ihr, nichts mehr vom Leben erwartet, bevor er sie kennenlernte. Und ihr Bekenntnis, daß sie ihn liebe, beantwortete er beglückt: „Das noch mit siebzig Jahren hören zu dürfen!"

Daß Marie Bonaparte weit mehr war als eine Irgendjemand von Freuds Gnaden, macht die Biographie von Celia Bertin deutlich, die unter dem deutschen Titel „Die letzte Bonaparte" erschienen ist. Die Fülle des biographischen Materials vermittelt das Bild einer mutigen, intelligenten Frau, die es wagte, die

Fesseln der Konventionen und die vielleicht noch größeren Fesseln ihrer sozialen Kaste und ihres immensen Reichtums zu sprengen und ihr Recht auf die Entwicklung ihrer Persönlichkeit gegen gewaltige Widerstände durchzusetzen. Ihre innere Haltung beschrieb sie in einem unveröffentlichten Tagebuch mit folgenden Worten: „Mit einem heiteren Pessimismus begabt, habe ich das Leben, ohne mich zu beugen, durchschritten."

Die scheinbar vom Leben verwöhnte Pariserin, Mutter zweier erwachsener Kinder und vom Skandalhauch ihrer jahrelangen Affäre mit dem mehrfachen französischen Ministerpräsidenten Aristide Briand umweht, fühlte sich von Anfang an weniger als Freuds Patientin denn als seine Schülerin. René Laforgue, ein junger Freud-Schüler und Maries Vertrauter, bemühte sich auf ihren Wunsch, den Kontakt zustande zu bringen. Laforgues Darstellung ihrer Person und ihrer Absichten scheint von Freud jedoch nicht sonderlich gut aufgenommen worden zu sein, denn er lehnte es erst einmal ab, mit ihr zu arbeiten. Laforgue hatte geschrieben: „Die Dame möchte hauptsächlich aus didaktischen Gründen zu Ihnen gehen. Sie hat meiner Ansicht nach einen starken Männlichkeitskomplex und im übrigen viele Schwierigkeiten im Leben, so daß die Analyse auch sonst angezeigt wäre."

Die „vielen Schwierigkeiten im Leben" der Marie Bonaparte begannen schon bei ihrer Geburt am 2. Juni 1882, die sie fast nicht überlebte. Ihre lungenkranke junge Mutter hatte kaum die Kraft, sie zur Welt zu bringen; eine Stunde lang mühte sich der Geburtshelfer, das Baby durch Mund-zu-Mund-Beatmung vor dem Ersticken zu bewahren. Das Kind blieb am Leben; doch vier Wochen später war die Mutter tot.

Die kleine Mimi, wie sie genannt wurde, war für ihre Familie – das heißt, für ihren Vater Prinz Roland Bonaparte und für dessen Mutter – weniger ein menschliches Wesen als eine Erbin, ebenso wie ihre bürgerliche Mutter Marie-Félix für die beiden nur die Rolle eines Goldesels gespielt hatte, denn sie war die Erbin eines stattlichen Vermögens von insgesamt fünfzehn Millionen Francs.

Die mutterlose Mimi war ein einsames Kind, nur von Dienstboten und wechselnden Ammen und Kindermädchen umgeben in der großen, schloßartigen Villa in Paris-Saint-Cloud oder während des Sommers in einem winkligen, häßlichen Haus mit vielen Stockwerken im Badeort Dieppe. Vater Prinz Roland, ein gefühlsarmer, schwacher Mensch, interessierte sich wenig für seine kleine Tochter, die vergeblich versuchte, ihn auf sich aufmerksam zu machen. Er blieb sein Leben lang das Geschöpf seiner ehrgeizigen, herrschsüchtigen, gierigen Mutter. Das Geld, das Prinz Roland auf ihr Betreiben erheiratet hatte, sollte den Makel ihrer kleinbürgerlichen Geburt als Tochter eines armseligen Kupfergießers auslöschen. Von der sogenannten „guten Gesellschaft" wurde sie zwar geächtet, aber sie nannte sich mit unerschütterlicher Beharrlichkeit „Prinzessin Pierre" nach ihrem verstorbenen Ehemann, Prinz Pierre-Napoléon, einem Neffen des großen Napoléon Bonaparte.

Marie fürchtete sich vor ihrer „Bonne-Maman", der tyrannischen Großmutter, ebensosehr, wie sie an ihrem unerreichbaren Vater mit einer heftigen und ambivalenten Leidenschaft hing. So war sie für bösen Dienstbotentratsch über die Familie überaus zugänglich. Celia Bertin schreibt in der Biographie: „In dieser kleinen, in sich geschlossenen Welt, in der Herrschaft und Bedienstete sich nachspionierten, in der das Selbstbewußtsein oft verletzt wurde, wo scharfer Tadel an der Tagesordnung war, artete im Anrichtezimmer das Geschwätz von alternden, boshaften und gegen ihre Arbeitgeber haßerfüllten Frauen leicht in Verleumdung aus. Man mußte die Zeit totschlagen, ihr Konturen geben, sonst war sie zu eintönig und langweilig. Nur Mordgeschichten sind wirklich spannend, selbst wenn man das, was man erzählt, nicht so recht glaubt. Mimi glaubte daran. Bonne-Maman und Papa hatten Petite-Maman beseitigt, um sich in den Besitz des Geldes zu bringen – das war es, was sie erfahren hatte und was sie sehr beunruhigte. Gleichzeitig aber war da etwas in ihr, etwas Perverses, was sich darüber freute. Ein Verbrechen zu begehen war nicht jedermanns Sache. Man muß zu heftigen Leidenschaften fähig sein, meinte sie."

Das Interesse für Mörder blieb eine von Marie Bonapartes ganz speziellen Eigenheiten. Als Kind war sie von den Verbrechen des Prostituiertenmörders Jack the Ripper fasziniert und notierte später in Erinnerung an das Bild, das sie sich von ihm gemacht hatte: „Ein Supermann, ein Supermörder und ein Super-Anarchist."

1929, vier Jahre nach dem Beginn ihrer Ausbildung bei Freud, schrieb sie einen umfangreichen Beitrag für die von Freud herausgegebene Zeitschrift „Imago" unter dem Titel „Der Fall Lefèbvre – Zur Psychoanalyse einer Mörderin". Ihr Hauptwerk ist eine vierbändige psychoanalytische Studie über Edgar Allan Poe, den Dichter des Verbrechens – eine Untersuchung des Zusammenhangs zwischen dem nekrophil getönten Werk des Dichters und seiner biographischen und psychologischen Disposition. Und selbst als alte Dame von siebenundsiebzig Jahren setzte sie sich noch voller Eifer für die Begnadigung des zum Tode verurteilten Mörders C. Chessman ein.

So wertete Mimi die blasse Persönlichkeit ihres Vaters in ihrer Kindheit nicht zuletzt mit der Aura des Geheimnisvollen, Verbrecherischen auf. Aber auch für einen großen Gelehrten hielt sie ihn, der sein Leben teils auf Reisen, teils im Studierzimmer mit dem Verfassen von anthropologischen Schriften verbrachte. Und auch die Begeisterung für gelehrte Vaterfiguren sollte Marie nicht mehr verlassen. Sie schrieb darüber: „Mein ganzes Leben lang habe ich nur Wert gelegt auf die Meinung, die Anerkennung, die Liebe einiger Väter, die ich mir ausgesucht habe. Einer war bedeutender als der andere, und der letzte sollte mein großer Meister Freud sein."

Marie Bonaparte hatte viele Liebhaber und männliche Freunde; Frauenfreundschaften hingegen gab es in ihrem Leben – abgesehen von ihrer recht engen Beziehung zu Anna Freud – kaum. Vielleicht war es das Bild der gefürchteten Großmutter, das sie anderen Frauen so ungeneigt machte, oder die frühen Erfahrungen mit Kindermädchen und Erzieherinnen, die zum Teil wohl liebevoll, aber allesamt geistig recht undifferenziert waren und Maries Intellekt nicht die Nahrung gaben, die er brauchte. Und allzu früh hatte sie schon gelernt, daß es ein rechtes Unglück war, in einem weiblichen Körper das Licht der Welt erblickt zu haben. Im Alter schrieb sie noch: „In einer Zivilisation, die von Männern geschaffen worden ist, haben Frauen nicht den Platz, die Freiheit und das Glück, die ihnen zustehen; ich fühle mich unterdrückt."

Die kleine Mimi flüchtete, wie das einsame Kinder oft tun, in eine geistige Welt. Sie schrieb ihre Phantasien und Träume in ein Heft, das sie mit dem Titel „Dummheiten" versah, und sie schrieb diese so persönlichen Dinge in einem ungelenken Englisch – ganz offensichtlich ein Versuch, ihr Eigenstes vor der übermächtigen Großmutter zu schützen. In der Pubertät wurde sie dann gelegentlich ins Theater geführt, wodurch ihre Phantasie neue Nahrung erhielt. Den größten Eindruck machte ihr die Aufführung von *König Ödipus* in der Comédie Française – und es ist eine hübsche kleine Koinzidenz, daß sie diese Tragödie in eben jenem Jahr 1896 sah, als das Wort „Psychoanalyse" in einem Artikel von Freud zum ersten Mal gedruckt wurde. Die Idee vom Ödipus-Komplex hatte Freud damals allerdings noch nicht entwickelt.

Unterdrückung erfuhr Marie auch, was ihre intellektuellen Neigungen betraf. Wie gerne wäre sie auf eine richtige Schule gegangen, wie gerne hätte sie die nötigen Examen gemacht, um Medizin zu studieren. Doch alles, was ihr Vater und ihre Großmutter ihr zugestanden, war ein reichlich ungezielter Unterricht durch mehr oder weniger fähige Privatlehrerinnen. Marie war eine gute Partie, und die Chancen, die sich die beiden für sie und damit für sich selbst ausrechneten, sollten nicht durch den Ruf der Blaustrümpfigkeit der Kandidatin gefährdet werden.

Im Alter von sechzehn Jahren beging Marie eine Dummheit, die qualvolle Konsequenzen haben sollte. Sie verliebte sich in den korsischen Sekretär ihres Vaters, Leandri, der die Situation ausnützte, um sie mit ihren Liebesbriefen zu erpressen. Als Leandris Vergangenheit als Gauner bekannt wurde, entließ ihn

Prinz Pierre, ohne von den Nöten seiner Tochter zu wissen. Vier bittere Jahre lang, in denen sie ständig krank war und zunehmend hypochondrisch wurde, zahlte sie Schweigegeld und verschloß die abscheuliche Geschichte in sich, bis sie einundzwanzig Jahre alt wurde und über ihr Erbe verfügen konnte. Da machte Leandri den Fehler, eine so riesige sogenannte „Abfindung" für seine Entlassung von ihr zu verlangen, daß sie das Geheimnis ihrem Vater preisgab.

In welch verstörter Verfassung die junge Frau sich befand, beschreibt eine Tagebucheintragung ihres Onkels Christian, datiert vom 29. Dezember 1903, nach einem Besuch bei ihr in einer gemieteten Villa bei Nizza: „Mimi führt das seltsamste Leben, das man sich vorstellen kann. Sie lebt in panischer Angst vor Bazillen, geht aus Angst vor der schlechten Luft nicht in den Salon, wenn mehrere Menschen sich dort aufhalten. Sie fürchtet um ihr Leben, wenn sie nach vier Uhr noch im Freien ist. Ihr Vater ist verzweifelt, meint, daß sie nie heiraten wird, und ich bin derselben Ansicht. Ein Ehemann könnte diesen Wahnsinn selbst mit der größten Geduld keine vierzehn Tage lang ertragen. Mimi sagt selbst, wie schwer ihr dieses Leben fällt, aber daß sie sich aus Notwendigkeit dazu zwingen muß."

Die Affäre Leandri endete damit, daß Marie sich mit hunderttausend Francs freikaufte. Die Biographin Bertin kommt zu dem etwas zweifelhaften allgemeinen Schluß: „Wenn der Mann, den man mit sechzehn Jahren geliebt hat, sich wie Leandri benimmt, kann man der Liebe nie wieder trauen. Irgend etwas stirbt, das niemand je wieder zum Leben erwecken kann."

Für Marie Bonaparte traf allerdings zu, daß sie, abgesehen von ihrer unterkühlten Ehe, immer recht problematische Liebesbeziehungen hatte. Zwar hielt sie sich später nicht mehr für häßlich wie in ihrer Jugendzeit, und auch der meistens zutreffende Verdacht, nur ihres Geldes wegen begehrenswert zu erscheinen, hatte für ihre großen Lieben keine Gültigkeit mehr. Doch die früh geprägte und durch unglückliche Umstände genährte Gefühlsambivalenz sollte sie immer wieder quälen.

Prinz Roland Bonaparte wählte, nachdem seine Mutter gestorben war und er ihrer beider Ehrgeiz nun allein befriedigen mußte, für seine Tochter das Beste vom Besten: einen Königssohn. Doch obwohl der große, sanfte Prinz Georg von Griechenland der inzwischen vierundzwanzigjährigen Marie durchaus gefiel, geriet sie bei dem Gedanken, Paris und ihren Vater verlassen zu müssen, in helle Panik und weigerte sich, in die Pläne ihres Vaters einzuwilligen. Später schrieb sie in ihren Erinnerungen: „Sie haben Unrecht, sagte mein Vater. Sie sind noch ein Kind. Sie werden nie wieder eine so gute Partie machen. Außer seiner gesellschaftlichen Stellung hat Prinz Georg den Vorzug, ein zuverlässiger, charmanter Mann zu sein, so wie ihn sich viele Väter als Gatten für ihr Kind wünschen."

Mit dem Charme Prinz Georgs war es jedoch nicht so weit her. Marie verliebte sich während der Verlobungszeit in den stattlichen Mann, dessen scheue Zurückhaltung sie seiner Religiosität zuschrieb. In Wirklichkeit war es jedoch eine latente, nie bewußtgemachte Homosexualität, die ihn so spröde machte und seine Zuneigung in andere Bahnen lenkte. Es war sein älterer Verwandter Waldemar, an dem er mit heftiger, abhängiger Liebe hing. Seine Frau „zu beschlafen" war ihm kein Vergnügen, wie er ihr erklärte; er tat es nur der notwendigen Zeugung wegen. 1913, nach fünf Ehejahren, schrieb Marie an einer Aphorismensammlung, die sie „Weibliche Traurigkeit" nannte. Darin finden sich herbe Bemerkungen über die Ehe, wie folgende: „Man braucht viel Liebe, ein einfaches Gemüt, ein ruhiges Herz und keine Phantasie, um glücklich zu sein, zu gehorchen, um das Ehejoch zu lieben ...

Die freie Entfaltung der Persönlichkeit welkt dahin zwischen den Wänden des gemeinsamen Heims, und die Seele und das Gesicht nehmen jenen bedrückten Ausdruck an, den man bei so vielen Ehefrauen feststellen kann ...

Die Unterdrückung durch die Ehe ist eine universelle, so unabwendbare Krankheit, daß ich anzunehmen wage, daß es mehr erleichterte als verzweifelte Witwen gibt."

Ein Jahr nach der Hochzeit gebar Marie ihr erstes Kind, den Prinzen Pierre, auf den Vater Georg sehr stolz war. Zwei Jahre später folgte Prinzessin Eugenie, in den Augen des Prinzen Georg ein wenig beachtenswertes Ereignis, da er sich einen zweiten Sohn gewünscht hatte. Auch Marie, obwohl recht klarsichtig, was männlichen Chauvinismus betraf, zog unbewußt den Sohn der Tochter vor, und die Folge war eine hochneurotische Haßliebe des heranwachsenden und auch des erwachsenen Pierre seiner Mutter gegenüber. Marie selbst gestand Freud Inzestwünsche, die sie ihrem Sohn gegenüber hegte, und Freud schrieb ihr 1932, zu einem Zeitpunkt also, als Pierre vierundzwanzig Jahre alt war: „... es wäre denkbar, daß sich jemand ohne Schaden den Inzest gestattet, der sich dem Einfluß phylogenetischer Veränderungen ganz entzogen hat. Aber man kann das nicht sicher wissen. Diese Erbschaften sind oft stärker, als man sie unter bestimmten Einflüssen einschätzt, und dann leidet man unter dem Schuldgefühl ihrer Übertretung und ist ganz hilflos dagegen."

Doch bedurfte es Freuds Warnung nicht, denn Marie konnte damals ihre Wünsche in eine andere Richtung lenken, indem sie ihre Beziehung zu ihrem langjährigen Geliebten, der in der Biographie verschwiegen nur X genannt wird, wiederaufleben ließ. Von zwei großen Leidenschaften ist in Marie Bonapartes Aufzeichnungen die Rede: von eben jenem X und von Aristide Briand, der 1913, als Marie ihn kennen- und liebenlernte, schon viermal französischer Ministerpräsident gewesen war und es noch weitere siebenmal sein sollte. Wie tief sie beeindruckt war von diesem kleinen, schlecht gekleideten fünfzigjährigen Mann, der nach der Beschreibung der Biographin eine außergewöhnliche Mischung von „Träumerei, Uneigennützigkeit und Bildung" in sich vereinigte, zeigt eine ihrer Notizen über ihn: „Wahren Adel findet man weder auf Adelsbriefen noch auf Thronsesseln. Adel liegt im Herzen, in Gedanken und in der Kraft, die Erhabenheit des Lebens zu würdigen."

Briand liebte die Frauen. Und vor allem liebte er Marie. Und in gewisser Weise war es sein Unglück, daß sie ihn ebenfalls liebte. Denn in ihr hatten sich Sexualität und Herz so tief entzweit, daß sie sich nur zu sexuellen Abenteuern, nicht aber zu einer echten Liebesbeziehung fähig fühlte. Ihre Angst, verletzt zu werden, war so groß, daß sie sich zwar von Briand verehren ließ und romantische Begegnungen in geschlossenen Theaterlogen oder Parks mit ihm akzeptierte, sich ihm jedoch körperlich verweigerte. Doch Briand war ein mutiger und hingebungsfähiger Mann. Er begriff, wie verstört sie zuinnerst war, und unterwarf sich lange Zeit ihrem Diktat der platonischen Liebe.

Der Erste Weltkrieg berührte die damals noch recht weltferne Marie von allem dadurch, daß sie Paris verlassen und mit ihrem Mann, mit dem sie ungern zusammen war, nach Athen reisen mußte, wo sie sich fremd und verlassen fühlte. Die Rückkehr nach Paris war auch eine Rückkehr zu Briand, der trotz aller Politik Zeit fand, ein eifriger und gern gesehener Hausfreund bei den Bonapartes im Schlößchen von Saint-Cloud zu werden.

Es dauerte mehr als zwei Jahre, bis Marie Briands Geliebte wurde. Der Skandal hatte schon viel früher begonnen, und wäre nicht der Weltkrieg ein vordringlicheres Thema gewesen, so hätte sich der Gesellschaftsklatsch gewiß noch viel ausführlicher mit dieser ergiebigen Geschichte befaßt.

Es war dies, trotz äußerer Wirren, eine kurze Zeit eines gewissen inneren Friedens und Glücks für Marie. Doch mit dem Krieg endete 1918 auch diese Liaison. Noch bevor sie wußte, daß Briand bereits eine neue Geliebte hatte, notierte sie in einem Manuskript, das sie „Die Männer, die ich liebte" überschrieb: „Ich leide, mein Freund, jetzt, da die Freundschaft in unserer Liebe mehr unseren Verstand als unsere Seelen hat verschmelzen lassen, dir nicht alles sagen zu können, dir einen Teil meines Lebens verbergen zu müssen. Und doch ist es dein ruhmreiches Verdienst, mich aufgefangen, aufgehoben zu haben, als ich auf einem Abhang in die Tiefe glitt."

Diese Beziehung hatte Marie nicht nur vor einer psychischen Katastrophe bewahrt, sondern ihr Selbstbewußtsein so sehr gestärkt, daß sie ihre Energie nun mit Feuereifer in die Entwicklung ihres politischen Bewußtseins lenken konnte. Sie las Trotzki und Lenin, nahm an Wahlversammlungen teil und begann mit der Arbeit an ihrem Buch „Militärische Kriege und soziale Kriege", wobei sie von Briand, der ihren scharfen analytischen Verstand nach wie vor sehr schätzte, freundschaftlich unterstützt wurde. Marie sprach nie deutlich aus, wie sehr sie das Ende dieser Liebe schmerzte. Jahre später erklärte sie Freud: „Für seine Leidenschaft war ich zu frigide, in jeder Hinsicht."

Freud, so notierte sie in ihrem Analysetagebuch, antwortete trocken: „Und er hatte nicht unrecht."

1920 erschien ihr Buch, aber das gab ihr nicht die Befriedigung, die sie sich erhofft hatte. Sie schrieb gern und gut, sie erlebte echten intellektuellen Genuß in dieser Arbeit, aber dies konnte ihr Leben ebensowenig ausfüllen wie ihre pragmatische Ehe oder ihre Mutterschaft. Sie brauchte einen Partner, eine leidenschaftliche Beziehung, hatte aber nie den Wunsch, ihre Familie zu verlassen. Daß es ein verheirateter Mann war, der ihre zweite große Liebe wurde, kam dieser Haltung nur entgegen. Der geheimnisvolle X, dessen Inkognito die Biographin ohne Erklärung wahrt, war ein bekannter Arzt mit einem Hang zu exklusiven Seitensprüngen, Ehemann einer sogenannten Freundin von Marie. Er wird als schöner, eleganter, verwöhnter Galan beschrieben, intelligent, brillant und ehrgeizig, ein launischer Narziß, der sich nicht scheute, seine Geliebte mit Details aus dem ehelichen Schlafzimmer zu quälen – und doch zugleich auch ein leidenschaftlicher Liebhaber und treuer Freund, ambivalent, aber voller Anerkennung für Maries hellwache Intelligenz.

X war Maries Zuflucht, während sie, gerade vierzig Jahre alt, das langsame Sterben ihres Vaters begleitete. Sosehr sie den Tod Prinz Rolands fürchtete, so sehr genoß sie jedoch auch die Intimität, die nun durch ihr ständiges Zusammensein entstand. Sie schrieb: „Er wird mein bleiben wegen dieser Krankheit, noch lange, immer, ohne wieder weggehen zu können, ohne zu fliehen und mich zum Weinen zu bringen – wie damals, als ich klein war und er zum Diner ausging oder verreiste ..."

Am Krankenbett ihres Vaters las sie Freuds „Einführung in die Psychoanalyse", die gerade in französischer Übersetzung erschienen war. Marie, die unter ihrer Orgasmusunfähigkeit litt, nahm Freuds Ideen mit Begeisterung auf. Sie begann die Probleme ihrer Sexualität nicht mehr als unüberwindliche Gegebenheit zu betrachten. Allerdings wurde die neurotische Verkrampfung dadurch, daß sie sich ständig mit diesem Thema Nummer eins beschäftigte, nicht gerade geringer, und sie verstieg sich in ihrer Not gar in die Idee, die der Wiener Chirurg Halban aufgebracht hatte, daß in bestimmten Fällen Frigidität chirurgisch zu beheben sei. Marie ging so weit, die Idee unter einem Pseudonym journalistisch zu propagieren. In diesem Artikel stellte sie mit bemerkenswerter Mißachtung des Tabus aufschlußreiche Betrachtungen über die Situation frigider Frauen an, die selbst heute noch durch ihre Offenheit beeindrucken: „Sie schieben zu Beginn ihres genitalen Lebens die Schuld für diese Schwäche ihren Partnern zu und werfen ihnen vor, zu schnell zu sein, nicht zu wissen, wie man es macht ... Sie begreifen schließlich, daß das Übel an ihnen liegen muß, trösten sich mit der Vorstellung, daß es wahrscheinlich allen Frauen so geht wie ihnen und daß es nur in Romanen vorkommt, daß Geliebte und Geliebter den gleichen Genuß erleben. Weil sie über den Genuß, den sie ihren Männern geben, so glücklich sind, stoßen sie die Männer nicht zurück und begnügen sich mit den Zärtlichkeiten ihres Geliebten vorher und nachher. Aber wenn sie zufälligerweise einen Egoisten lieben, den es stört, auf sie Rücksicht zu nehmen, wird ihre Situation dramatisch. Sie sind entweder dazu verdammt, in ihrer Sinnlichkeit chronisch enttäuscht zu werden, was viele nervöse Störungen verursacht, oder sie sind gezwungen, sich mit Onanieren zu begnügen, was psychisch immer unbefriedigend ist, oder sie müssen sich einen rücksichtsvolleren Liebhaber suchen."

Freud, der bekanntlich nicht allzuviel von Frauen verstand und die berühmte ultimative Frage, die er sich nie beantworten konnte, formulierte: „Was will die Frau?", hielt seine „Prinzessin" für bisexuell und lobte ihre „Männlichkeit und Aufrichtigkeit". Marie hätte ihren Mentor, diese vollkommenste aller Vaterfiguren ihres Lebens, gern sexuell auf die Probe gestellt. Sie zeigte ihm unbekümmert ihren gelifteten Busen, und sie forderte ihn zu intimen Bekenntnissen heraus. In ihrem Analyse-Tagebuch findet sich folgende pikante Eintragung: „Ich wage Freud zu sagen, daß er sexuell überdurchschnittlich sein muß. ‚Davon‘, sagt er, ‚werden Sie nichts erfahren. Vielleicht nicht zu sehr!‘ "

Fast zwanzig Jahre dauerte die Beziehung zwischen Marie und X, und es war wohl nicht zuletzt Maries intensives Interesse für seinen Beruf, das der gegenseitigen Anziehung Dauer gab. Als junges Mädchen hatte Marie davon geträumt, Medizin zu studieren, und die Faszination für diese Wissenschaft hatte sie nie ganz verlassen. Als sie mit dem Studium der Psychoanalyse begann, sah sie eine Möglichkeit, zumindest annähernd ihr altes Berufsziel zu verwirklichen. Diese Intention war mindestens ebenso stark wie ihre Sehnsucht nach einer Lösung ihrer psychischen Probleme, als sie gegen den heftigen Widerstand ihrer Familie Ende September 1925 nach Wien ging, um ihre Analyse zu beginnen. Prinz Georg war höchst ärgerlich über die lästigen Emanzipationsbestrebungen seiner Frau, und ihr Geliebter konnte sich nur schwer damit abfinden, daß er nicht wichtiger für sie war als alles andere auf der Welt. Die Kinder hatten ihre Probleme mit der Pubertät und mit ihrer englischen Erzieherin und hätten ihre Mutter dringend gebraucht, aber Marie ließ sich selbst durch Pierres bittere Klagebriefe nicht zur Rückkehr bewegen. Zehn Tage nach Beginn der Analyse schrieb sie an Laforgue, den Vermittler: „Die Psychoanalyse ist das Ergreifendste, was ich je erlebt habe. Ich bin, wie man auf deutsch sagt, gepackt. Aber vollständig!"

Auch Freud hielt den Vermittler auf dem laufenden. Nach sechs Wochen täglicher Analysesitzungen schrieb er: „Die Prinzessin macht eine sehr schöne Analyse und ist, glaube ich, mit ihrem Aufenthalt sehr zufrieden. Ich bin jetzt doch froh, ihrem Wunsch und dem Eindruck, den ihr Brief auf mich gemacht hat, nachgegeben und sie angenommen zu haben. Sie beabsichtigt, Mitte Dezember nach Paris zurückzukehren, aber gibt mir Hoffnung, daß sie bald wiederkommt."

Tatsächlich blieb sie nur über Weihnachten und Neujahr zu Hause. Schon am 5. Januar 1926 war sie wieder in Wien. Hier fand sie in komprimierter Form alles, was sie sich wünschte: die vollkommene Vaterfigur in der Person von Freud, die Möglichkeit, sich methodisch mit sich selbst zu beschäftigen, reichliche Nahrung für ihren Intellekt und zudem die Aussicht auf einen angemessenen eigenen Beruf. Ein alter Studienfreund von Freud, Wagner-Jauregg, Professor für Psychiatrie an der Wiener Universität, war von ihrem Eifer und ihrer Klugheit so beeindruckt, daß er sie an seinen Sprechstunden in der Psychiatrie des allgemeinen Krankenhauses teilnehmen ließ. Zudem begann sie mit der Übersetzung des Freudschen Buches „Eine Kindheitserinnerung des Leonardo da Vinci".

So affektiv Maries Beziehung zu Freud begann, so quälend war zunächst auch ihre Eifersucht auf Freuds Tochter Anna, dreizehn Jahre jünger als sie und gerade dabei, sich als Kinderanalytikerin zu etablieren. Die sehr enge Bindung zwischen Vater und Tochter hatte sie sofort erspürt, und auch Annas beruflicher Vorsprung nährte ihre Eifersucht. Freud vermochte die Situation allerdings bald zu entschärfen. Seine beiläufige Bemerkung, Anna sei der Ansicht, Marie könnte eine gute Analytikerin werden, bahnte den Weg für die lebenslange Freundschaft zwischen den beiden Frauen.

Als Marie nach fünf Monaten Analyse wieder nach Hause zurückkehrte, stürzte sie sich augenblicklich in die Mitarbeit an der Gründung und Etablierung der Pariser Psychoanalytischen Gesellschaft; außerdem hatte sie von Freud den Auftrag bekommen, die französische Ausgabe seiner Werke zu überwachen. Daß diese Arbeit sie zunehmend von der Familie und auch von dem Geliebten entfernte, nahm sie zwar wahr, aber es war ihr unmöglich, ihr Engagement für die Psychoanalyse aufzugeben. Statt dessen nahm sie die Kinder samt Erzieherin für zwei Wochen mit nach Wien, um sie Freud vorzustellen. Welch freundschaftlichen Charakter die Beziehung zwischen Marie und Freud bereits hatte, zeigt sich daran, daß sie in dieser Zeit jeden Abend mit ihm und seiner Familie verbrachten – für Freud in seiner Rolle als ihr Analytiker vielleicht nicht ganz unproblematisch, denn Marie notierte zum Beispiel die kleine Marginalie, daß sie ihn zum Kartenspielen aufforderte und er dies mit der Begründung ablehnte: „Das ist zu intim."

Im Sommer 1926 ließ Marie sich dazu bewegen, mit den Kindern in Ferien zu fahren. Sie tat es halbherzig und voller Ungeduld, wieder nach Wien zurückzukehren. Der einzige zwingende Grund, gelegentlich nach Hause zu kommen, war die im Aufbau begriffene Société Psychoanalytique de Paris. Wann immer sie nicht in Wien war, wurde dies durch eine eifrige Korrespondenz ausgeglichen, die keineswegs einseitig war. Freud scheint diesen Briefwechsel genossen zu haben. Hier konnte er ganz unverblümt seine Gedanken aussprechen und von alltäglichen Kleinigkeiten berichten, von den Schmerzen, die ihm der Kehlkopfkrebs bereitete, und manchmal waren seine Berichte unvermutet heiter und witzig, wie zum Beispiel, als er nach der Feier zu seinem siebzigsten Geburtstag von dem „Lobespranger" berichtete, an den man ihn gestellt hatte: „Ich bekam allerlei Schmeichelhaftes zu hören und zu lesen. Den Schluß machte eine Festfeier der jüdischen Loge ... Dort sprach mein Arzt, Professor Ludwig Braun, in einer Weise, die alle Zuhörer, meine Familie darunter, bezauberte. Ich bat mir aus, nicht dabei zu sein. Es wäre peinlich und abgeschmackt gewesen. Überhaupt, wenn mich jemand beschimpft, kann ich mich verteidigen; wenn mich aber jemand lobt, bin ich wehrlos."

Gegen Ende 1926 begannen die abendlichen Treffen eines auserwählten Schülerkreises, die zweimal monatlich in Freuds Wartezimmer stattfanden. Sechs Freud-Jünger waren regelmäßig anwesend, und etwa ebensoviele Gäste – Analytiker natürlich – waren dazu geladen. An dem Abend, als Marie zum erstenmal teilnehmen durfte, war auch Wilhelm Reich unter den Geladenen. Sie erwähnt ihn in ihren Aufzeichnungen – aber beeindruckt war sie offenbar nicht von ihm.

In dieser Zeit begann sie mit der Arbeit an ihrem Meisterwerk, der psychoanalytischen Betrachtung des Lebens und Werks von Edgar Allan Poe. Daneben schrieb sie auch kleinere Arbeiten, wie etwa einen umfangreichen Beitrag für die Zeitschrift „Revue française de Psychoanalyse" über die psychoanalytischen Hintergründe des berühmten Mordfalls Lefebvre, mit dem sie in der psychoanalytischen Welt einen bleibenden Erfolg verbuchen konnte. Darin schrieb sie den bemerkenswerten Satz: „Wir wollen vor allem bemerken, daß ein langes Leben von Gefühlssparsamkeit eine Bedingung des Verbrechens der Frau Lefèbvre war und daß ihr Verbrechen und ihre Tugend Funktionen derselben Faktoren sind."

Aber zunächst rückte sie unverhofft als Übersetzerin ins Rampenlicht, und zwar durch den Skandal, den die Veröffentlichung der Freudschen Leonardo-da-Vinci-Studie auslöste. Die feine Gesellschaft, der sie angehörte, konnte in Freuds analytischen Betrachtungen nichts anderes sehen als eine unverzeihliche Verletzung ihrer Tabus. Die Reaktionen im inneren Familienkreis waren unterschiedlich. Prinz Georg war über die Schädigung seines Rufs empört, Pierre las das Buch ungerührt und verkündete, nichts verstanden zu haben; nur die siebzehnjährige Eugenie, die auf den fortgesetzten Mutterverlust mit ständigen Krankheiten reagierte, äußerte sich taktisch verständnisvoll. Doch alle diese Reaktionen erreichten Marie nicht wirklich. Sie war mit Geist und Herz bei der Psychoanalyse.

Sie hatte gewissermaßen die Familien getauscht. Die Freuds waren ihre wichtigere Familie geworden, in der offenbar weit mehr Intimität möglich war als in ihrer eigenen. So notierte sie in ihrem Analysetagebuch: „Frau Freud hat mir gesagt, wie sehr das Werk ihres Mannes sie überrascht, ja gekränkt hatte, da es so freizügig von der Sexualität handelt. Und fast absichtlich hat sie es nicht kennenlernen wollen. ‚Meine Frau ist sehr bürgerlich', sagte Freud, als ich ihm das erzählte. Sie hätte ihm nie so ausdrücklich ihre Meinung mitgeteilt."

Marie Bonaparte war bei aller Kompliziertheit eine offene, grundlegend warmherzige Person. Es ist vielleicht bezeichnend, daß sie 1929 spontan das Herz der neuen Hausangestellten im Hause Freud, Paula Fichtl, gewann. Die Paula kam vom Land und war reichlich eingeschüchtert von den hohen Herrschaften, die im Hause Freud aus und ein gingen. Doch mit Marie Bonaparte war es ganz anders. Detlef Berthelsen schreibt in seinem vergnüglichen Klatsch-Buch „Alltag bei Familie Freud": „Nur zu einer Frau entwickelt sich über den Graben von Intellekt und Herkunft hinweg so etwas wie eine Freundschaft. Ausgerechnet ‚die Prinzessin' entdeckt ihr Herz für das Stubenmädchen ... Sie ist, nach Freud selber, Paula Fichtls uneingeschränkter Liebling. Anders als die in ihrer Lebensführung zutiefst bürgerlichen Freuds sieht die Prinzessin in Paula ein Mitglied des Hauses: Kammerzofe, Butler und Vertraute in einem. Die Aristokratin aus Paris verfügt über eine seit Generationen anerzogene selbstverständliche Ungezwungenheit im Umgang mit Personal, während die Haltung der Familie Freud Dienstboten gegenüber immer noch vom Bemühen um Distanz gekennzeichnet ist... Ihr Leben lang wird sie – Paula – Marie Bonaparte vergöttern, anders als Anna Freud und deren Freundinnen. Stets führt sie ein Bild der Prinzessin mit sich."

Knapp fünf Jahre dauerte Maries Analyse, und der Erfolg war so, wie Freud ihn zu Anfang vorausgesagt hatte: „Die Analyse kann den Charakter mit Sicherheit nicht verändern. Sie werden zum Beispiel immer den wesentlichen Konflikt Ihres Lebens behalten: Das Nebeneinander von männlichen und weiblichen Komponenten in Ihnen. Doch die Analyse wird die krankhaften Auswirkungen dieses Konflikts beseitigen und die psychischen Kräfte für eine produktive Arbeit freisetzen. So kann man die Dinge in einem anderen Licht sehen und sie in den Griff bekommen."

Marie wurde tatsächlich immer produktiver. Sie übersetzte ein Freud-Werk nach dem anderen, arbeitete eifrig bei der Psychoanalytischen Gesellschaft und in der Redaktion der „Revue française de Psychoanalyse" mit und begann selbst, unter der brieflichen Supervision von Freud, mit Patienten zu arbeiten. Ihre Art als Analytikerin war höchst unorthodox, wie die Biographin berichtet: „Ihren Patienten schickte sie ihren Chauffeur in einem ihrer Luxusautos und ließ sie nach Saint-Cloud fahren. Wenn das Wetter es erlaubte, fand die Sitzung im Garten statt. Sie legte sich auf eine Chaiselongue hinter die Couch und häkelte die ganze Zeit – sie, die Schals und andere von der Großmutter gehäkelte Kleidungsstücke immer so gehaßt hatte! Später nahm sie so viele Patienten, wie sie unterbringen konnte, mit nach Saint-Tropez oder Athen und war gleichzeitig Gastgeberin und Analytikerin."

Eine Anekdote, die damals die Runde machte und noch heute in Paris zitiert wird, läßt die erfrischende Direktheit ahnen, mit der Marie Bonaparte manche Leute erschreckte und manche bezauberte. Im Bois de Boulogne traf sie auf einen Exhibitionisten – eine Wiederholung einer Kindheitserfahrung, die sie einst sehr verstört hatte. Marie ging resolut auf den Exhibitionisten zu und sagte zu ihm: „Stecken Sie das alles wieder weg. Das ist überhaupt nicht interessant. Aber ich würde gern mit Ihnen sprechen, kommen Sie morgen zu mir."

Und sie überreichte ihm ihre Karte. Natürlich kam er nicht. So stark, so klar und eindeutig, wie Marie aufzutreten wußte, konnte sie nicht immer sein. Der „Konflikt ihres Lebens", von dem Freud gesprochen hatte, äußerte sich im intimen weiblichen Rahmen – in ihren Liebesbeziehungen und in ihrer Mutterrolle. Nie konnte sie sich ganz frei machen von Schuldgefühlen ihren Kindern gegenüber, die sie, wie sie wohl wußte, vernachlässigt hatte. Und ihre verzweifelte Suche nach dem, was sie in einer ziemlich mechanistischen Art unter einer einer erfüllten Sexualität verstand, trieb sie schließlich unter das Operationsmesser des Chirurgen Halban, der meinte, durch eine operative Annäherung der Klitoris an die Vagina die weibliche Orgasmusfähigkeit verbessern zu können. Freud war über Maries Entscheidung entsetzt, konnte aber nicht verhindern, daß sie sich noch zwei weitere Male dieser unsinnigen Operation unterzog – jedesmal ohne den geringsten Erfolg.

Und die Beziehung zu X ging weiter, durch abwechselnde Phasen der Entzweiung und Wiederannäherung, unterbrochen – oder besser begleitet – von einer Affäre mit dem jungen Analytiker Rudolph Löwenstein, der auch nach dem Ende der sexuellen Beziehung ein enger Freund blieb, Analytiker ihres Sohnes Pierre wurde und sogar seine ehemalige Geliebte ein Jahr lang analysierte. Anfang 1929 notierte sie: „Die Arbeit ist leicht und die Sinnlichkeit schwierig ... Die Psychoanalyse kann mir höchstens die Kraft zum Verzicht geben, und ich bin

46 Jahre alt. Die Analyse hat mir den Frieden, den Geist des Herzens gegeben und die Fähigkeit zu arbeiten, aber nichts in körperlicher Hinsicht ... Muß ich auf Sexualität verzichten? Nur arbeiten, schreiben, analysieren? Doch die vollkommene Keuschheit erschreckt mich."

Eine brisante Mischung von leidenschaftlicher Verstrickung und echter Zuneigung, Eifersucht, latenter Aggression und gegenseitiger Wertschätzung verband Marie und den inzwischen auf der Karriereleiter zum Professor aufgestiegenen X. Nicht gerade heiter klingt, was Marie 1931 über diese lange Beziehung niederschrieb: „Der Freund und ich, wir müssen uns gegenseitig akzeptieren ... Ich verstehe den Freund. Zweimal wöchentlich seine Frau, dreimal ich, eine neurotische Wahl seit zwölf Jahren."

Doch mit ungebrochener Begeisterung schrieb sie an dem immer umfangreicher werdenden Manuskript über Edgar Allan Poe, das sie 1932 beendete. Als sie Freud den letzten Teil zur Beurteilung vorlegte, zeigte er sich sehr beeindruckt. Er schrieb: „Es scheint mir, daß das das Beste dieses guten Buches ist, und das Beste, was Sie je geschrieben haben. Es handelt sich nicht nur um Anwendungen, sondern wirklich um eine Bereicherung der Psychoanalyse. Sogar der heikle Abschnitt über die Triebtheorie ist sehr gelungen."

Ein Jahr später erschien die erste französische Ausgabe, gefolgt von der deutschen Übersetzung 1934 im Wiener Psychoanalytischen Verlag. Freuds Vorwort ist eine bemerkenswerte Laudatio; es heißt darin: „Meine Freundin und Schülerin Marie Bonaparte hat in diesem Buch das Licht der Psychoanalyse auf das Leben und das Werk eines großen krankhaft gearteten Dichters fallen lassen. Dank ihrer Deutungsarbeit versteht man jetzt, wieviel von den Charakteren seines Werkes durch die Eigenart des Mannes bedingt ist, erfährt aber auch, daß diese selbst der Niederschlag starker Gefühlsbindungen und schmerzlicher Erlebnisse seiner frühen Jugend war."

Marie hätte recht zufrieden sein können. Sie hatte beruflichen Erfolg, wie sie es sich immer gewünscht hatte. Zu Freuds fünfundsiebzigstem Geburtstag hielt sie einen aufsehenerregenden Vortrag an der Sorbonne; beim Internationalen Psychoanalytischen Kongreß in Wiesbaden trug sie ein Manuskript mit dem Titel „Die erotische Funktion der Frau" vor und wurde von dem neugegründeten internationalen Komitee mit der Überwachung der Geschäftsführung des Psychoanalytischen Verlags betraut, der übrigens schon seit Jahren nur dank ihrer reichlichen finanziellen Unterstützung überlebt hatte.

Doch trotz ihrer Erfolge glitt sie immer wieder in Zustände tiefer Verzweiflung. Die erwachsenen Kinder hatten sich inzwischen selbst in Analyse begeben, doch besserte sich dadurch ihre Beziehung zu ihrer Mutter nicht wesentlich. Eugenie war weiterhin ständig krank, und Pierre verliebte sich in eine intelligente und intrigante Russin, die den labilen Prinzen beherrschte und von Marie heftig abgelehnt wurde. Auch daß Freuds Krankheit immer schlimmer wurde, belastete sie sehr. Als seiner intimen Vertrauten gab er ihr einen sehr offenen Einblick in seine physische und psychische Situation. So schrieb er zum Beispiel im Juni 1933, kurz nach der barbarischen öffentlichen Bücherverbrennung, der auch seine Werke zum Opfer gefallen waren: „Ich denke nicht daran, etwas Neues zu schreiben. Keine Stimmung, kein Stoff, kein Publikum, zu viel gemeine Sorgen ... Die Welt wird ein großes Zuchthaus, die ärgste Zelle ist Deutschland ... Selbst nicht mehr recht lebenskräftig, erscheint mir diese Welt als zum nahen Untergang bestimmt."

Und ein halbes Jahr später konstatierte er resigniert: „Keine Kinder mehr, und selbst ist man bereits überzählig, außerhalb des Lebensstroms ..."

Gelegentlich schalt ihn Marie, daß er nicht so pessimistisch sein und an einen baldigen Tod denken solle. Freud wehrte sich in einem Brief von 1936: „Und wenn Sie in Ihrer Jugend von vierundfünfzig Jahren es nicht vermeiden können, so oft an den Tod zu denken, verwundern Sie sich, wenn ich mit achtzigeinhalb Jahren grüble, ob ich das Alter von Vater und Bruder erleben werde, oder darüber hinausreichen werde in das der Mutter, gepeinigt vom Konflikt zwischen dem Wunsch nach Ruhe und der Angst vor neuen Leiden, die die Fortsetzung des Lebens bringt, und dem antizipierten Schmerz der Trennung von allem, woran man noch hängt?"

Mit dem Erwerb der Briefe, die Freud einst an seinen Freund Fließ geschrieben hatte und die die Witwe des verstorbenen Fließ an den Kunsthändler Stahl verkauft hatte, konnte Marie Bonaparte Freud eine ungeheuer große Freude machen. 12 000 Francs bezahlte sie für diese Briefe, die Freud unbedingt haben wollte. Er schrieb ihr erleichtert: „Unsere Korrespondenz war die intimste, die Sie sich denken können. Es wäre höchst peinlich gewesen, wenn sie in fremde Hände gefallen wäre. Es ist darum ein außerordentlicher Liebesdienst, daß Sie sie an sich gebracht und allen Gefahren entrückt haben ... Ich möchte nichts davon zur Kenntnis der sogenannten Nachwelt kommen lassen."

Marie respektierte diesen Wunsch zwar, empfahl jedoch, die Briefe in einer staatlichen Bibliothek, zum Beispiel in Genf, mit der Auflage zu deponieren, daß sie erst achtzig oder hundert Jahre nach seinem Tod gelesen werden dürften. Höchst beredt focht sie für eine Freigabe der Korrespondenz: „Sie selbst, lieber Vater, erkennen vielleicht Ihre eigene Größe nicht. Sie sind Teil der Ideengeschichte, wie zum Beispiel Plato oder Goethe. Was für ein Verlust wäre es für uns, für die Nachkommen, wenn Goethes Unterhaltungen mit Eckermann zerstört worden wären, oder Platons Dialoge, aus Mitleid mit Sokrates, damit die Nachwelt nicht erfahre, daß er homosexuelle Beziehungen zu Phädrus und Alkibiades hatte! Nichts dergleichen findet sich in Ihren Briefen: nichts, wenn man Sie kennt, was Sie erniedrigen könnte! Und Sie selbst, lieber Vater, haben sich in Ihrem schönen Werk gegen die Idealisierung von großen Männern um jeden Preis gewandt."

Mit wachsender Sorge verfolgte Marie die politischen Entwicklungen in Deutschland und Österreich. Schon Anfang 1934 bot Marie ihrem geliebten Meister an, mit seiner Familie zu ihr nach Paris zu fliehen, aber Freud zögerte. Er schrieb ihr: „Es ist natürlich unschätzbar zu wissen, daß es einen schönen Ort gibt, an dem man gern aufgenommen sein würde, bis man

ein neues Heim gefunden hat ... Die Zukunft ist nicht voraus-
zusehen. Nur eins scheint mir klar. Es ist keine dringende Entscheidung, man hat jedenfalls Wochen, wahrscheinlich Monate Zeit abzuwarten. Wenn die Nazis hierher kommen und
mit ihnen eine Rechtslosigkeit wie in Deutschland, dann muß
man natürlich fort. Ich glaube aber eher, daß wir einen Faschis-
mus nach österreichischer Art bekommen werden, der bei all
seiner Kläglichkeit viel leichter zu ertragen sein wird, so daß
man bleiben kann."

Freud zögerte fast zu lange. Am 11. März 1938 marschierten
die Nazis in Österreich ein. Zuhöchst alarmiert, nahm Marie
sofort Kontakt mit Freuds ausländischen Freunden auf. Am
17. März war sie bereits in Wien, keinen Augenblick zu früh.
Den psychoanalytischen Verlag hatten die Nazis bereits heim-
gesucht, nun waren Freud und seine Familie dran. Am
22. März stürmte die Gestapo Freuds Wohnung; daß Anna
zum Verhör geschleppt wurde, konnte Marie zwar nicht verhindern, doch über ihren danach folgenden rührenden Einsatz
berichtet der Stubenmädchen-Biograph Berthelsen: „Während
der nächsten Tage bietet sich Besuchern und Bewohnern der
Berggasse 19 ein seltsames Bild. Auf den Treppenstufen zum
zweiten Stock sitzt eine elegant gekleidete Frau in den Fünfzi-
gern. Den schwarzblauen Nerzmantel eng um die Schulter gezogen, helle Wildlederhandschuhe an den Händen, einen
weiten, zerbrechlich wirkenden Hut auf dem Kopf, neben sich
eine braune Wildledertasche und in eine Wolke Stephanotis-
Duft gehüllt, kauert sie Stunde um Stunde auf den kalten Stu-
fen unter der Wohnung der Familie Freud – Prinzessin
Bonaparte von Griechenland und Dänemark hat sich zur Abwehr weiterer Übergriffe vor der Tür postiert. ‚Der Herr Professor hat das gar nicht gewußt', erzählt Paula, ‚er hätt's auch
sicher nicht zugelassen.'"

Während Freuds Schüler und Freund Ernest Jones in London für eine Aufenthaltsgenehmigung des Patriarchen und seiner Familie focht, wurde in Wien um die Erlaubnis zur
Ausreise – genannt Reichsflucht – gerangelt. Zum einen bestand der alte Herr stur darauf, seine Sammlungen und seine

Bibliothek mitzunehmen, während es schon schwer genug war, auch nur seine Haut zu retten; außerdem verlangten die Nazis Bares, nachdem sie bereits seinen Safe geplündert hatten. Marie Bonaparte bezahlte die geforderten fünftausend Dollar und bestimmte dieses Geld, das Freud unbedingt zurückzahlen wollte, für den Nachdruck der „Gesammelten Werke", die von den Nazis eingestampft worden waren.

Nebenher holte Marie in diesen Tagen noch andere gefährdete Juden aus Wien heraus. Wer immer ihr in den Weg lief und in Not war, konnte ihrer Hilfe sicher sein, wie zum Beispiel der junge Doktor Bergzeller, der schon ein paarmal verhaftet worden war und für den sie vom französischen Botschafter eine Aufenthaltserlaubnis in Frankreich verlangte.

Abgesehen von ihrem Geld und ihren guten Beziehungen auf höchster politischer Ebene, war es auch ihre Haltung von Zuversicht und Furchtlosigkeit, die ihrer Wahlfamilie über die schwere Zeit hinweghalf. Martin Freud schrieb später: „Ich glaube, unsere letzten traurigen Wochen in Wien ... wären ohne die Anwesenheit der Prinzessin ganz unerträglich gewesen."

Diese letzten Wochen verwandte Freud dazu, seine privaten Dokumente, Briefe und Aufzeichnungen zu ordnen, und er wollte – sehr zu Maries Mißfallen – die Gelegenheit wahrnehmen, um möglichst wenige persönliche Spuren für die Nachwelt zu hinterlassen. Paula Fichtl erzählte später vergnügt: „Der Herr Professor hat alles in den Papierkorb geworfen, aber sobald er aus dem Zimmer war, hat die Frau Prinzessin das meiste wieder herausgenommen. Sie hat alles unter ihren Rock gestopft und ist damit jeden Tag zu ihrer Botschaft gegangen."

Endlich, am 5. Juni, konnte Marie ihren geliebten Freund und Meister auf seinem Weg nach England in der Villa in Saint-Cloud beherbergen. Paula konnte sich selbst im hohen Alter noch sehr genau dieses Ereignisses erinnern, das ihr das großartige Erlebnis bescherte, einmal wie ein Mitglied der hochherrschaftlichen Familie behandelt zu werden; in Berthelsens Bericht klingt das so: „Marie Bonaparte trägt ein elegantfließendes Modellkleid, den Zobel lässig um die Schultern geworfen ... Vor dem Bahnhof stehen die Wagen der Prinzessin, ihr Bentley und der Rolls-Royce. Die Chauffeure halten auch für Paula Fichtl die Tür auf, dann geht es durch das frühsommerliche Paris hinaus nach Saint-Cloud, zur Villa der Bonapartes. Dort ist bereits alles für die Durchreisenden vorbereitet. Im Garten wartet ein Sofa mit Wolldecken auf Sigmund Freud, darum ein Kreis von Korbstühlen für die anderen ... Die Freuds genießen die entspannte, großzügige Atmosphäre. Zum Abschied hat die Prinzessin noch eine besondere Überraschung für den Professor: die bronzene Athena-Statuette aus seiner Sammlung als Symbol der neuen Freiheit."

Schon am 8. Juni schrieb Freud aus London einen Brief voll des Dankes an Marie: „Meine liebe Marie – der erste Brief ... sollte von Rechts wegen Ihnen gehören, denn der eine Tag in Ihrem Haus in Paris hat uns Würde und Stimmung wiedergegeben; nachdem wir 12 Stunden lang in Liebe eingehüllt wurden, sind wir stolz und reich unter dem Schutz der Athene abgereist!"

Kaum war Freud in Sicherheit, versuchte Marie, auch den Rest seiner Familie aus Wien herauszubekommen. Doch der Erfolg war nicht gar so groß. Immerhin erreichte sie, daß Freuds Sohn Oliver mit Frau und Tochter emigrieren und sich in Frankreich niederlassen durfte. Sie hätte so gerne mehr getan. William Bullit, der Botschafter der Vereinigten Staaten in Paris, sollte sich nach ihrem Wunsche dafür einsetzen, irgendwo auf der Welt einen Platz für die Juden zu schaffen; sie unterbreitete sogar dem US-Präsidenten persönlich ihre „Kolonialpläne", wie Freud ihre Ideen, die er nicht für realisierbar hielt, nannte. Auch der König von Griechenland wurde für Hilfsdienste eingespannt: Marie bewegte ihn dazu, sich persönlich dafür einzusetzen, daß alles Geld, das Freud im Ausland deponiert hatte, nach London geschickt wurde.

Das Jahr 1939 setzte für Marie sehr grell die Akzente von Geburt und Tod. Ihr erstes Enkelkind, Eugenies Tochter Tatjana, wurde im August geboren, und Freud starb im September in London. Seine Asche wurde nach seinem Willen in einer der griechischen Amphoren aufbewahrt, die sie ihm geschenkt hatte. Sein letzter Brief an Marie, im Juni geschrieben, berichtete von der Qual, deren Ende er herbeisehnte: „Das Radium hat wieder etwas aufzufressen begonnen, unter Schmerzen und Vergiftungserscheinungen, und meine Welt ist wieder, was sie früher war, eine kleine Insel von Schmerz schwimmend auf einem Ozean von Indifferenz."

Von seinem Tod hörte sie im Radio, und sie notierte: „Ich werde niemals die bewegte Stimme des Sprechers der BBC vergessen, als er vor den Kriegsnachrichten bekanntgab, daß Freud nicht mehr lebt."

Marie rettete sich in den folgenden Monaten in energische Aktivität. Sie war nun 57 Jahre alt, immer noch eine schöne Frau und keinesfalls bereit, sich ins Privatisieren zurückzuziehen. Doch es sollte ganz anders kommen, als sie es sich vorgestellt hatte; der zweite große Krieg griff in ihr Leben ein, diesmal bei weitem härter als beim erstenmal. Der Einmarsch der Nazis im Frühjahr 1940 vereitelte alle ihre Pläne. Die Mitglieder der Psychoanalytischen Gesellschaft waren binnen kurzem in alle Richtungen zerstreut, die Revue erschien schon seit Mai 39 nicht mehr, das Institut de Psychoanalyse war geschlossen. Auch Marie mußte schließlich mit ihrer Familie fliehen, erst nach Athen, dann nach Alexandrien, schließlich nach Kapstadt.

Aber Südafrika war nicht die Welt, in der die Pariserin Marie Bonaparte sich wohl fühlen konnte. Sie sehnte sich nach ihrem Freund X und den intensiven, langen Gesprächen mit ihm, und nach ihren psychoanalytischen Freunden – nach Anna Freud und Rudolph Löwenstein. Ihr Ehemann, ein trauriger, kranker Greis, war eine allzu langweilige Gesellschaft für sie. Nur ihre zwei Enkelkinder, die kleine Tatjana und das Baby Georg-André, heiterten sie ein wenig auf.

In ihrer Not machte sie sich wieder ans Schreiben, verfaßte mehrere Essays, lernte Griechisch, hielt Vorlesungen über Freud an der Universität von Kapstadt und begann erneut als Analytikerin zu arbeiten. Aber sie war und blieb unglücklich. Sie erkrankte an Diabetes und hatte Angst, im Exil zu sterben. 1943 schrieb sie an Löwenstein, der nach New York geflohen war: „Ich glaubte, daß man mit den Jahren ausgeglichener wird. Es ist nicht wahr. Wenn man sein ganzes Leben lang eine Seele hatte, die dazu neigt, sich zu quälen, dann behält man sie bis ins Grab. Hätte ich doch wenigstens, als die Deutschen auf Paris marschierten, ein Schiff nach Amerika genommen. Dann wären wir jetzt alle zusammen."

Das Kriegsende und damit die Rückkehr nach Paris bedeuteten für Marie einen Neuanfang, der zugleich deutlich machte, daß das Leben, das sie bis vor dem Krieg geführt hatte, endgültig Vergangenheit war. Alles war anders. Ihr Freund X war sterbenskrank, und die Psychoanalytische Gesellschaft war nur noch ein armseliges Fragment. Das übriggebliebene Häufchen Mitglieder traf sich zunächst bei ihr, doch sie hatte nicht mehr genügend Kraft, wie früher der Motor der Gesellschaft und gleichzeitig das ausgleichende Element zwischen den rivalisierenden Parteien zu sein, die sich sehr schnell wieder formierten.

Erst 1950 wurde das Psychoanalytische Institut in Paris wieder eröffnet. Noch einmal flammte in Marie der alte Elan auf, und sie wandte so viel Geld und Energie auf, wie ihr nur irgend möglich war. Zufrieden schrieb sie an Löwenstein: „Es soll kein Universitätspropagandazentrum mehr sein wie das alte Institut. Eine Bibliothek, ein Lesesaal, eine Poliklinik mit neun oder zehn Behandlungsräumen ... Wir werden also die Möglichkeit haben, Analysanden, die den hohen Preis nicht zahlen können, zum Tarif der sozialen Krankenversicherungen zu behandeln, und die Psychoanalyse wird endlich ‚demokratisiert' werden."

Die folgenden Jahre, in denen sich selbst bei der robusten Marie das Alter immer schmerzhafter bemerkbar machte, waren dennoch voller Produktivität; es verging kaum ein Jahr, ohne daß eine Arbeit von ihr veröffentlicht wurde, meistens bald nach dem französischen Original auch in englischer Sprache. Von den psychoanalytischen Kongressen war sie nicht wegzudenken, und bis zu ihrem Tod blieb sie die beherrschende Figur der Société Psychoanalytique de Paris.

Eine andere, zu ihren Lebzeiten von ihr fast geheimgehaltene Aktivität enthüllte der Nobelpreisträger Pierre Lepine in den „Annalen des Institut Pasteur": „Das Interesse der Prinzessin für die biologischen Wissenschaften erlahmte nie ... Wiederholt bewies sie Interesse an den laufenden Arbeiten durch Unterstützungen, die anonym bleiben sollten. Sie stattete den Laboratorien unseres Instituts häufig Besuche ab und wollte über die Fortschritte der Chemotherapie und der Immunologie auf dem laufenden gehalten werden."

Als die achtzigjährige Marie Bonaparte im September 1962, nun auch noch an Leukämie erkrankt, in der Klinik von Saint-Tropez starb, hatte sie die vorhergehenden Tage mit der Lektüre von Diderots anzüglichem Schelmenroman „Jacques der Fatalist" verbracht, den sie sich schon manches Mal in ihrem Leben zur Unterstützung ihres „heiteren Pessimismus" herangezogen hatte. Sie nahm ihr Sterben in einer sehr bewußten Weise an, gemäß dem Spruch, den sie selbst geprägt hatte: „Die Geister verschwinden bei Tagesanbruch. Doch muß man den Mut haben, sie auch am hellichten Tag herbeizurufen."

Melanie Klein (1882–1960)

Es gibt Menschen, deren Neurose ist subtil und verborgen, unauffällig wie eine graue Katze in der Dämmerung. Bei anderen hingegen ist sie so offensichtlich und auffällig, daß es – wie im Falle von Melanie Klein – schwer ist, diese Neurose einigermaßen säuberlich von den echten Leistungen in Werk und Person zu sondern.

Die Kinderanalytikerin Melanie Klein ist tatsächlich eine bizarre Vorlage für ein Porträt. Der Psychiater Ronald Laing bezeichnete die alte Dame als „eine Frau von Kaliber, keineswegs trivial", aber zugleich fand er sie auch ganz gräßlich mit ihrem übertriebenen Make-up und der allzu reichlichen Ausstattung mit Schmuck, und er erklärte unumwunden: „Ich bin froh, daß es mir erspart wurde, Melanie Klein zur Mutter zu haben."

Der progressive Summerhill-Leiter Alexander S. Neill klagte in einem Brief an seinen Freund Wilhelm Reich über Melanie Kleins Bücher, sie seien „voll von Kastration und analen Merkmalen und Mutters Penis und was nicht alles. Sie zu lesen ist, als wäre man auf einem Friedhof mit offen herumliegenden verwesenden Körpern ..."

Menschen, die zuerst ihre Freunde waren und sie unterstützten, wandten sich, je erfolgreicher sie wurde, mehr oder minder deutlich von ihr ab, wie etwa Ernest Jones, der berühmte Freud-Biograph, oder Edward Glover, der die Klein-Tochter Melitta analysierte – jene Tochter, die ihrer berühmten Mutter zwar in den psychoanalytischen Fußstapfen folgte, sich aber so sehr von ihr entfremdete, daß schließlich jeder Kontakt zwischen Mutter und Tochter abbrach. Andere, vor allem Frauen, machten sich die ehrgeizige Melanie Klein zum Idol – aber abweichen von der dogmatisch gehüteten Lehrmeinung der Matriarchin durfte keine. Der Analytiker John Bowlby ging gar so weit, die mächtige Klein-Gruppe innerhalb der „Britischen Psychoanalytischen Gesellschaft" mit einer religiösen Sekte zu vergleichen, und der wissenschaftliche Sekretär der Gesellschaft, Charles Rycroft, nannte die Kleinianer respektlos „die Ebenezer Kirche".

Dennoch: Melanie Klein wurde zu einem Begriff. Im Kontext der Kinderanalyse wird sie zumindest in einem Atemzug mit Anna Freud genannt, manchen gilt sie gar – wenn auch nicht zu Recht – als die Begründerin dieser Disziplin. Auf jeden Fall machte sie gewaltigen Wirbel in der Londoner Analytiker-Gesellschaft, als Person wie als psychoanalytische Autorin. Aus der großen Zeit der Psychoanalyse ist sie nicht wegzudenken – und vielleicht spiegeln sich gerade in ihrer Person ganz besonders die historischen, sozialen und psychologischen Umstände, welche die spezielle Schule der Psychoanalyse überhaupt möglich machten.

Die Familie Reizes lebte nicht gerade in den besten Verhältnissen, als die kleine Melanie am 30. März 1882 in Wien das Licht der Welt erblickte. Die Mutter sagte, sie sei ein „unerwartetes" Kind gewesen, und Melanie deutete diese Aussage – wohl nicht ganz unbegründet – als eine milde Umschreibung der Tatsache, daß die Familie mit den drei Kindern Emilie, Emmanuel und Sidonie, im Abstand von jeweils nur einem Jahr geboren, bereits genügend belastet war. Der Vater, Moritz Reizes, stammte aus Galizien und war schon Mitte Vierzig, als er seine zweite Frau, Libussa Deutsch, die Tochter eines Rabbiners, 1875 heiratete. Er war ein gescheiter Mann, beherrschte zehn Sprachen und hatte den geachteten Beruf eines Arztes. Aber für einen jüdischen Doktor polnischer Herkunft waren die Zeiten nicht rosig, und so führte Mutter Libussa, eine resolute Slowakin, zur Aufbesserung des Budgets einen skurrilen kleinen Laden, in dem sie alle möglichen Zierpflanzen und Reptilien verkaufte, welch letztere sie übrigens zutiefst verabscheute.

Ein kleines Erbe und Zuwendungen eines Onkels verbesserten die familiäre Situation, als Melanie fünf Jahre alt war. Das ist eine ihrer ersten wichtigen Erinnerungen, und so findet sich in ihrer unveröffentlichten Biographie die Eintragung: „Es erschien mir großartig, daß meine Eltern tatsächlich ein Haus besitzen sollten. Der Stolz und das Glück über diese Veränderungen machten mir klar, daß ich mir über die finanziellen Schwierigkeiten, um nicht zu sagen die Armut, die ihnen vorausgegangen waren, Sorgen gemacht hatte."

Dieser Makel der Armut ist einer der Punkte, die Melanie Klein in ihren offiziellen Erinnerungen kaum geschönt hat. In anderen Dingen war sie weniger genau. Die Biographin Phyllis Großkurth verglich diese Autobiographie mit den Briefen und Berichten der Kleinschen Familienmitglieder und kam zu dem Schluß: „Sie scheint unendlich weit entfernt zu sein von dem Kind, das sie einmal war, und sie strebt nervös in eine andere Richtung, wann immer sie auf eine Erinnerung trifft, die schmerzhaft ist oder ihre Vorstellung von ihrer Kindheit stört. Man könnte dies als Schwäche auslegen, doch sie hatte immer darauf bestanden, daß der Analytiker eine Distanz zum Analysanden aufrechterhalten müsse und nicht den geringsten Einblick in sein Privatleben erlauben dürfe ... Wie bei Freud, so müssen wir uns auch bei Melanie Klein an die theoretischen Schriften halten, um die Spiegelung ihrer realen Verwirrungen in den Schlußfolgerungen zu entdecken, zu denen sie in ihren Fallstudien kam. Allein die Tatsache, daß sie sich mit so viel Leidenschaft auf die Psychoanalyse stürzte, weist darauf hin, daß die Ängste der jungen Melanie bei weitem tiefer lagen, als ihr flacher Bericht vermuten läßt. Freud hatte bereits ein Modell für eine öffentliche Autobiographie kreiert, das sich anderen Analytikern zur Nachahmung anbot."

Die Entwicklung der kleinen Melanie, die auf Photographien als strammes kleines Persönchen mit einiger Willenskraft erscheint, war stark dadurch bestimmt, daß sie ihres Vaters Aufmerksamkeit und Anerkennung vermißte und erringen wollte. Dem Alter nach hätte er ihr Großvater sein können – er war 24 Jahre älter als seine Frau –, und der introvertierte, verschlossene Mann konnte möglicherweise mit den älteren Kindern – wenn überhaupt – mehr anfangen als mit dem kleinen Nesthäkchen. Melanie Klein schrieb in Erinnerung an ihn: „Ich kann mich nicht daran erinnern, daß er jemals mit mir gespielt hat. Es war ein schmerzvoller Gedanke für mich, daß mein Vater offen und ohne Rücksicht auf meine Gefühle erklären konnte, daß er meine älteste Schwester, die Erstgeborene, vorzog."

Doch zugleich produzierte sie Erinnerungen, die ganz offensichtlich nicht stimmten; so erklärt sie etwa, daß sie auf dem Heimweg von der Schule täglich den Vater von der Arbeit abholte und nach Hause begleitete. Aber der Arbeitsplatz des Vaters befand sich in der elterlichen Wohnung. Wer nun eigentlich wen abholte, ist nicht mehr zu klären.

Noch deutlicher ist die Ambivalenz in der Beziehung Melanie Kleins zu ihrer Mutter. Libussa war eine tüchtige Frau, aber sie war auch herrschsüchtig, hart und bitter, und Gefühle zu zeigen war nicht ihre Sache. Gerade ihrer intelligentesten Tochter gegenüber war sie nicht bereit, ihre Dominanz aufzugeben; das ging so weit, daß sie alles mögliche unternahm, um die Ehe der Tochter zu unterminieren – natürlich unter der Vorgabe, nur ihr Bestes im Sinn zu haben. Wie ungelöst diese Mutter-Tochter-Problematik in Melanie Klein bis zu ihrem Lebensende war, zeigt der unerbittliche Bruch mit ihrer eigenen Tochter Melitta; und er zeigt sich auch in dem Versuch der Mutter-Verklärung, den sie im Alter in ihrer Autobiographie unternahm: „Sie ist in vielerlei Hinsicht mein Vorbild gewesen, und ich erinnere mich an die Toleranz, die sie anderen Menschen gegenüber hegte; sie mochte es nicht, wenn mein Bruder und ich auf unsere intellektuelle und deshalb arrogante Art andere Leute kritisierten."

Auch der genannte Bruder, Emanuel, spielt eine gewichtige Rolle in Melanie Kleins Familienroman. Er war es, der die kleine Schwester in seinen Freundeskreis einführte und ihr damit ein Podium als umschwärmte Prinzessin gab. Er unterstützte ihre intellektuellen und schriftstellerischen Ambitionen und fütterte sie mit der geistigen Nahrung der jungen Leute seiner Zeit: Man war für Arthur Schnitzler, für Nietzsche und für Karl Kraus, man diskutierte über Leidenschaft und Sex.

Emanuel litt an den Folgen einer Tuberkulose, war manisch-depressiv und kokainsüchtig und stilisierte sich als todgeweihten Dichter, der von Mutters finanziellen Gnaden in südlichen Ländern lebte, um seine schwache Gesundheit zu schonen und seine dekadenten Neigungen auszuleben. Aus dieser Zeit stammen die brieflichen Zeugnisse seiner intensiven Verbindung mit seiner Schwester Melanie, Briefe voller Klagen über seine magere Apanage, aber auch pikant in den Darstellungen seiner narzißtischen, gefühlsarmen Liebesbeziehungen, von denen er seiner jungen Schwester ausführliche Schilderungen gab. 1902, ein Jahr vor Melanies Hochzeit, starb er in einem Pensionszimmer in Genua. Melanie, die zuvor schon eine ihrer Schwestern, Sidonie, im Kindesalter verloren hatte und sich dessentwegen mit irrationalen Schuldgefühlen quälte, schrieb über ihren Bruder: „Er war fünfundzwanzig, als er starb. Auch hier – wie bei Sidonie – habe ich das Gefühl, daß man etwas hätte tun können, um sein Leben zu verlängern, wenn man nur mehr medizinisches Wissen gehabt hätte ... In meiner Erinnerung bleibt er ein junger Mann mit einem starken Geist, stark in seinen Überzeugungen, ungeachtet, ob sie populär waren oder nicht, und mit einem tiefen, leidenschaftlichen Verständnis für die Kunst – und der beste Freund, den ich je hatte."

Die Biographin Großkurth gibt Melanies familiärem Beziehungsknoten eine dramatische Dimension: „Diese Familie war unterminiert von Schuld, Neid und gelegentlichen explosiven Wutausbrüchen, durchdrungen von starken inzestuösen Untertönen. Melanies bevorstehende Hochzeit war das Präludium zu Emanuels Tod durch Krankheit, Unterernährung, Alkohol, Drogen, Armut und dem Willen zur Selbstzerstörung. Melanie Klein fühlte sich für seinen Tod verantwortlich und trug an dieser Schuld ihr ganzes Leben lang – wie Emanuel es wahrscheinlich beabsichtigt hatte ... Er war ihr Ersatzvater, ihr Kamerad, ihr Phantom-Geliebter – und niemand in ihrem Leben war jemals in der Lage, ihn zu ersetzen.

Melanies Ehemann, Arthur Stevan Klein, erhielt jedenfalls

kaum die Gelegenheit dazu. Einundzwanzig Jahre alt war der Chemiestudent Arthur, als er seine siebzehnjährige Cousine kennenlernte und sich in sie verliebte, und weil er ein vielversprechender junger Mann aus wohlhabender Familie war, konnte es Mutter Libussa nur recht sein, auch die zweite Tochter unter die Haube zu bekommen. Der Vater war zwei Jahre vor seinem Sohn nach jahrelangem Leiden, wahrscheinlich an der Alzheimerschen Krankheit, gestorben; die älteste Tochter, Emilie, hatte im selben Jahr geheiratet. Es spricht vieles dafür, daß Melanie unter einem gewissen Druck heiratete, um die Mutter von Sorgen zu entlasten, denn sie schrieb über ihre Verlobungszeit: „Von da an war ich so treu ..., daß ich mich von allen Vergnügungen fernhielt, bei denen ich andere junge Männer hätte kennenlernen können, und ich gab nie dem Gefühl Ausdruck – obwohl ich es bereits empfand –, daß wir nicht wirklich zueinander paßten."

Warum sie dieses Gefühl hatte, erklärte sie nicht. Offenbar stolperte sie halbherzig in diese Ehe hinein, die sie aus ihrer vertrauten Wiener Umgebung herausriß und ins damals ungarische Rosenberg zur Familie ihres Mannes verpflanzte; vielleicht war sie auch frustriert über die notwendige Aufgabe ihres Studiums der Kunst und Geschichte, zudem zutiefst unglücklich durch den Tod des Bruders, vom Vorbild der Schwester und Mutters Manipulationen angetrieben – keine sonderlich glückliche Ausgangsbasis für ein harmonisches Eheleben. Auch die Geburt ihres ersten Kindes, der Tochter Melitta, brachte keine Erlösung. Die kargen Worte in der Autobiographie lassen die geheime Qual nur ahnen: „Ich stürzte mich in die Mutterschaft und in das Interesse an meinem Kind, so sehr ich nur konnte. Ich wußte die ganze Zeit, daß ich nicht glücklich war, aber ich sah keinen Ausweg."

1907, drei Jahre nach Melitta, gebar Melanie ihr zweites Kind, Hans. Sie fiel von einer Depression in die andere und wurde von ihrer Mutter ständig in irgendwelche Kurorte geschleppt. Sowohl der Ehemann als auch die Kinder wurden von Libussa, der Übermutter, ständig belehrt, Melanie sei krank und müsse in Ruhe gelassen werden. Hans war Großmamas Liebling und hatte somit weniger unter den häufigen Trennungen von der Mutter zu leiden als das kleine Mädchen. Der weitere Verlauf des Familienromans wird später zeigen, daß sich diese Wunde in Melitta nie ganz schließen konnte.

Der Umzug der Familie nach Budapest kurz vor dem Ausbruch des Ersten Weltkriegs gab Melanies Leben eine neue Wendung. Dort kam ihr Freuds Schrift „Über den Traum" in die Hände, und zufällig hatte ihr Mann eine Geschäftsverbindung mit einem Bruder des damals schon recht bekannten Psychoanalytikers Sandor Ferenczi, der gerade die „Ungarische Psychoanalytische Gesellschaft" gegründet hatte. Hier fand Melanie eine geeignetere Vorlage zur Identifikation, als die Mutterschaft ihr je war. Ferenczi wurde ihr Analytiker und Lehrer, und bald begann sie, ihr drittes Kind, Erich, das sie 1914 geboren hatte, zum Hauptobjekt ihrer eigenen analytischen Beobachtungen und Beeinflussungen zu machen. Ferenczi scheint sie darin unterstützt zu haben, denn sie schrieb: „Während dieser Analyse lenkte Ferenczi meine Aufmerksamkeit auf meine große Gabe, Kinder zu verstehen, und auf mein Interesse an ihnen, und er unterstützte nachdrücklich meine Idee, mich der Psychoanalyse zu widmen, vor allem der Kinderanalyse. Nun hatte ich zu dieser Zeit ja selbst drei Kinder ... Meiner Ansicht nach konnte die Erziehung allein ... das gesamte Verständnis für die Persönlichkeit nicht abdecken und dementsprechend auch nicht in gewünschtem Maße Einfluß nehmen. Ich hatte immer das Gefühl, daß es dahinter noch etwas gab, an das ich nicht herankommen konnte.

Von Sandor Ferenczi übernahm sie die Idee der „introjektiven Stufe" und der „projektiven Stufe" als Bezeichnungen für den Vorgang im Kind, das – nach Ferenczis Ansicht – sein Gefühl für Realität durch die Frustration seiner omnipotenten Wünsche aufbaut. In ihren Büchern erwähnt Melanie Klein ihren ersten Mentor erstaunlicherweise nur selten, viel häufiger nimmt sie Bezug auf ihren zweiten Analytiker, Karl Abraham, als wolle sie vergessen – und vergessen lassen –, was sie alles von Ferenczi übernommen hatte. Beim fünften psychoanalytischen Kongreß in Budapest 1918 war Melanie Klein unter den

Zuhörern. Zum erstenmal sah sie den bewunderten Sigmund Freud persönlich, und sie sah auch seine Tochter Anna, nicht ahnend, daß diese in Zukunft die große Feindschaft ihres an Feindschaften nicht gerade armen Lebens sein würde.

Melanie lernte schnell. Beflügelt von gewaltigem Ehrgeiz, legte sie 1919 der Gesellschaft eine Fallstudie vor, die ein Jahr später in der „Internationalen Zeitschrift für Psychoanalyse" unter dem Titel „Der Familienroman in statu nascendi" veröffentlicht wurde. Wie sehr wünschte sie später, dies nicht getan zu haben. Wann immer sie ihre Veröffentlichungen zitierte, ließ sie diese erste aus. Denn der Fall, den sie da beschrieb, war ihr eigener Sohn Erich. 1921 veröffentlichte sie eine zweite Schrift mit dem Titel „Eine Kinderentwicklung", die zwar seitenlang die erste Schrift kopiert, jedoch mit geänderten Namen als Fallbericht eines fremden Kindes dargestellt ist. Die erste Schrift beginnt so: „Mein nun fünfjähriger Sohn Erich, ein gesundes, kräftiges Kind, hat sich auch geistig normal, aber etwas langsam entwickelt ..."

Die zweite Schrift bekam nun folgenden Vorspann: „Es handelt sich um einen Knaben, den kleinen Fritz, Sohn einer verwandten Familie, die in meiner nächsten Nachbarschaft wohnt. Ich hatte dadurch Gelegenheit, viel und ungezwungen mit dem Kinde beisammen zu sein. Da überdies die Mutter alle meine Weisungen befolgte, kann ich weitgehenden Einfluß auf seine Erziehung nehmen. Der nun fünfjährige Knabe, ein gesundes, kräftiges Kind, hat sich auch geistig normal entwickelt ..."

Und so weiter, in fast wortwörtlicher Wiederholung der ersten Schrift. Auch ihr Sohn Hans wurde zur psychoanalytischen Versuchsperson, und auch er trat in den frühen Schriften verfälscht als der Patient „Felix" auf. Niemals konnte Melanie Klein zugeben, daß ihre ersten „Fälle", auf die sie sich immer wieder in ihren theoretischen Ausführungen bezog, ihre eigenen Kinder waren. Selbst 1955 schrieb sie noch in „Die psychoanalytische Spieltechnik": „Mein erster Patient war ein fünfjähriger Knabe. Ich habe ihn unter dem Namen Fritz in einer meiner ersten Arbeiten erwähnt ... Anfangs glaubte ich, daß es genügen würde, die Haltung der Mutter zu beeinflussen. Ich regte an, daß sie das Kind dazu bringen sollte, die vielen unausgesprochenen Fragen, die es offenbar beschäftigten und seine intellektuelle Entwicklung hinderten, mit ihm zu sprechen. Das hatte eine gute Wirkung, aber seine neurotischen Schwierigkeiten wurden nicht genügend gemildert, so daß ich mich bald entschloß, den Knaben zu analysieren ... Die Erkenntnis, die ich durch diese Analyse gewann, hat den Verlauf meines ganzen Wirkens beeinflußt ...

Die Behandlung wurde im Hause des Kindes mit seinen eigenen Spielsachen durchgeführt. Diese Analyse war der Beginn der psychoanalytischen Spieltechnik: Das Kind drückte von Anfang an seine Phantasien und Ängste hauptsächlich im Spiel aus, während ich beständig deutete, mit dem Erfolg, daß neues Material im Spiel auftauchte. Das heißt, ich wandte schon bei diesem Patienten im wesentlichen die Deutungsmethode an, die charakteristisch für meine Technik wurde."

Die Absicht der Verfälschung ist offensichtlich, und man kann sich vorstellen, welchen bewußten oder halbbewußten Druck diese Dauerlüge erzeugt haben muß. Freud hatte seine Schwierigkeiten damit, daß er seine eigene Tochter analysiert hatte und daß dies bekannt war – es handelte sich dabei übrigens um eine Lehranalyse im Erwachsenenalter und nicht etwa um die Behandlung einer kindlichen neurotischen Erkrankung. Melanie Klein hingegen hatte ihre eigenen Kinder ausdrücklich wegen neurotischer Störungen analysiert – ihren Sohn Hans gar in der Pubertät. Wie beunruhigend mag es für sie gewesen sein, ein Leben lang die Aufdeckung der vertuschten Wahrheit und zudem des Aktes der bewußten Fälschung fürchten zu müssen – obwohl dies zu Melanie Kleins Lebzeiten tatsächlich nie geschah.

Geradezu wie eine Flucht nach vorn wirkt es, wenn wenig später in derselben Schrift zu lesen ist: „Ein noch wichtigerer Grund gegen die Psychoanalyse in der häuslichen Umgebung des Patienten war, daß die Übertragungssituation – das Rückgrat des ganzen psychoanalytischen Prozesses – nur hergestellt und erhalten werden kann, wenn der Patient den Behandlungsraum oder das Spielzimmer, in Wirklichkeit die ganze Analyse, als etwas vom gewöhnlichen Leben zu Hause Getrenntes erleben kann. Nur unter solchen Bedingungen kann der Patient seine Widerstände gegen das Erleben und Ausdrücken von Gefühlen und Wünschen überwinden, die unvereinbar mit den Konventionen sind und vom Kind als vielen Erziehungsprinzipien widersprechend empfunden werden."

Die Biographin, die sich bewundernswert um Unparteilichkeit und Genauigkeit bemüht, findet eine recht treffende Beschreibung des Grundzugs der Persönlichkeit Melanies: „Melanie Klein war eine Verkörperung ihrer eigenen späteren Theorien: die Welt ist nicht eine objektive Realität, sondern eine von unseren eigenen Ängsten und Wünschen bevölkerte Phantasmagorie."

Phyllis Großkurth berichtet von der Wirkung, die ihre Enthüllung von der tatsächlichen Identität der ersten Patienten Melanies auf englische „Kleinianer" hatte. Sie waren gewaltig schockiert. Einer von ihnen, so schreibt sie: „bekannte ziemlich bitter, daß diese Enthüllung ihn dazu veranlasse, seine gesamte Arbeit von dreißig Jahren zu überprüfen, da es nun in einem ganz anderen Licht erschiene, warum Melanie Klein die Rolle der Mutter so sehr unterbewertete".

Sohn Erich, der den anglisierten Namen Eric Clyne annahm, bemerkte der Biographin gegenüber, seine Mutter habe ihn in seiner frühen Kindheit jeden Abend eine Stunde lang analysiert. Er habe das nicht gerade als sehr angenehm empfunden, aber er hege deswegen keinen Groll gegen sie. Erich war Melanies Liebling, das einzige ihrer Kinder, das sie von Anfang an selbst erzog; so ist anzunehmen, daß ihre überbordenden analytischen Ambitionen bis zu einem gewissen Grade durch eine allgemeine liebevolle Haltung ausgeglichen wurden, wenngleich Erich sich auch nicht daran erinnern konnte, daß sie jemals mit ihm spielte oder ihm Märchen oder Geschichten vorlas.

Berichte von Beobachtern aus ihrem Freundeskreis ergaben allerdings das Bild, daß Melanie Klein mit fremden Kindern besser umzugehen wußte als mit ihren eigenen. Erstaunlich ist das nicht, wenn man bedenkt, was für ein wunderlicher Beziehungsknoten die Vermischung von natürlicher mütterlicher Identifikation einerseits und künstlicher therapeutischer Distanz andererseits gewesen sein muß.

Die Tochter Melitta tauchte zwar weniger ausführlich als Fallbericht auf – sie ist das Mädchen „Lisa" in der Schrift „Eine Kinderentwicklung" –, wurde aber in anderer Weise an Mutters analytischer Leidenschaft beteiligt. Melanie nahm den Teenager – Melitta war 1919 gerade fünfzehn Jahre alt – gern zu Sitzungen der psychoanalytischen Gesellschaft mit, was übrigens auch den damals noch recht familiären Charakter der Budapester Vereinigung deutlich macht.

1921 zog Melanie Klein nach Berlin. Ihre Ehe war nur noch Fassade, aufrechterhalten durch Melanies finanzielle Abhängigkeit von ihrem Mann. Arthur Klein hatte inzwischen eine gute Anstellung in Schweden gefunden. Melitta war bei den Großeltern in Rosenberg untergebracht, um dort die Schule zu beenden, Hans war in einem Internat in der Tatra; nur der kleine Erich kam mit nach Berlin.

Auch hier bietet die Autobiographie wieder eine der typischen Einebnungen des Kleinschen Familienromans. Da liest es sich so, als habe sie nun binnen kurzem ihre Kinder um sich geschart und sich auch gleich scheiden lassen – ein glatter Schnitt, ein neues Leben, gereinigt von dem Durcheinander, den Depressionen, der Bedeutungslosigkeit der vergangenen zwanzig Ehejahre. Sie verschiebt die Scheidung, die frühestens 1925 stattgefunden haben kann, auf das Jahr 1922 und streicht auch die Trennung von den Kindern auf einen entsprechend kurzen Zeitraum zusammen. Die Biographin sagt dazu: „Man mag das als ein Raffen der Ereignisse aus der Sicht einer alten Frau erklären, aber was sie sagt, ist auch in anderer Hinsicht irreführend. Sie schien sich schuldig zu fühlen, weil sie nicht alle Kinder bei sich hatte, dieselbe Schuld, die sie in früheren Jahren empfunden hatte, wenn sie Hans und Melitta wochenlang bei ihrer Mutter ließ ... Warum beharrte Melanie Klein darauf, daß die Scheidung 1922 stattfand? ... Dieses Datum ist nicht ihrer Vergeßlichkeit zuzuschreiben, sondern ein wohlüberlegter Versuch, einen Schleier über die dazwischenliegenden Ereignisse zu ziehen. Sie wollte sich an Berlin als an einen vollständigen Neuanfang in ihrem Leben erinnern; in Wirklichkeit jedoch war es eine besonders unglückliche Zeit. Diese bemerkenswerte Frau war fähig, über persönliche und berufliche Schwierigkeiten hinwegzugehen und furchtlos eigene kreative Wege einzuschlagen, wenn auch reichlich auf Kosten mancher ihr nahestehenden Menschen."

Fünf Jahre lebte Melanie Klein in Berlin, wobei sie fast jedes Jahr umzog. Dank Karl Abrahams Hilfe konnte sie sich in der Berliner Psychoanalytischen Gesellschaft schnell einen Namen machen, und sie richtete sich darauf ein, selbständig zu werden. 1925 kam sie auf die Einladung von Ernest Jones, dem berühmten Freud-Biographen, nach London, um Vorträge über Psychoanalyse zu halten. Ihre Schrift „Zur Genese des Tics", die im selben Jahr erschien, basierte auf der Analyse ihre Sohnes Hans, hier Felix genannt – inzwischen ein Junge in der Pubertät, dessen Probleme sie vor allem auf eine gestörte Beziehung zu seinem Vater zurückführte. Alle Kinder Melanie Kleins gingen später mit ihren Leiden zu anderen Analytikern. Die Biographin kommentiert: „Das mag ihr zu denken gegeben haben. Wann immer sie mit einer Analyse nicht zufrieden war, rationalisierte sie es damit, daß sie zu früh beendet worden sei. Doch in den dunklen Stunden der Nacht mag sie vielleicht auf den Gedanken gekommen sein, daß sie im Falle ihrer Kinder möglicherweise irreparable Schäden angerichtet hatte – entweder an ihrer Psyche oder an der Beziehung zu ihr selbst."

Die Berliner Zeit war in mehrfacher Hinsicht ereignisvoll. Hier wurde Melanie Klein ein volles Mitglied der Psychoanalytischen Gesellschaft, hier erlebte sie die wertvolle Unterstützung durch einen der Großen aus Freuds innerstem Kreis, Karl Abraham, dessen Analysandin sie 1923 wurde. Daß Abraham Ende 1925 starb, war ein großer Verlust für sie. Glücklicherweise hatte sich zu dieser Zeit schon ein neuer Förderer in der Person von Ernest Jones eingestellt, der ihr einen guten Start in England ermöglichte.

Eine weitere Herausforderung war ihre Tochter Melitta, die

zu dieser Zeit mit ihrem Medizinstudium an der Berliner Universität begann. Ein Photo von Melitta aus dem Jahr 1924 zeigt eine zierliche junge Frau mit achtlos zurückgestecktem Haar und großen, verstört blickenden Augen, in äußerstem Kontrast zu ihrer Mutter, einer eher wuchtigen, arrogant wirkenden Matrone, deren ausladende Hüte beliebtes Gesprächsthema im Berliner Verein waren. Damals waren Mutter und Tochter noch eng verbunden, vor allem vereint gegen den gemeinsamen Feind Arthur, der weder die Psychoanalyse noch den Freund und späteren Ehemann seiner Tochter, Walter Schmideberg, leiden konnte. Die Situation stand für Melanie wieder einmal im Zeichen gewaltiger ambivalenter Ladung. Phyllis Großkurth sagt darüber: „Melanie Kleins Gefühle gegenüber der Romanze ihrer Tochter waren komplex. Sie war noch immer eine ansehnliche Frau, die das Gefühl hatte, ihre Jugend vergeudet zu haben. Sie war noch relativ unbekannt in der psychoanalytischen Bewegung und erfuhr ziemlich offene Zurückweisung von Kollegen, die etablierter waren als sie. Und da war Melitta ... auf dem Weg, Ärztin zu werden – wonach sie selbst sich immer gesehnt hatte. Darüber hinaus war sie in Lehranalyse bei Eitington und später bei Karen Horney, die selbst eine qualifizierte Ärztin war. Und schließlich hatte ihre Tochter auch noch eine romantische Beziehung zu einem gutaussehenden, charmanten Mann, der sowohl mit den begüterten Eitingtons als auch mit der Ur-Familie in Wien enge Kontakte hatte. Später in ihrem Leben schrieb Melanie Klein viel über den Neid der Töchter gegenüber ihren Müttern. Es ist wahrscheinlich, daß bei Klein, die so sehr in ihren Phantasien lebte, die Saat des mütterlichen Neides der Tochter gegenüber schon in der früh angelegten Angst zu finden ist, daß Melitta ihr ihren Platz streitig machen wolle, wie ihre Mutter und ihr Ehemann es getan hatten."

Äußerlich war von diesen Problemen nichts zu sehen. Melitta begleitete ihre Mutter zu den Sitzungen der Psychoanalytischen Gesellschaft und schien vollkommen eins mit ihr. Noch unterstützte sie die Theorien ihrer Mutter, die sie später erbittert bekämpfen sollte. Daß diese Theorien zuhöchst spekulativ waren, wurde allerdings schon damals von mancher Seite kritisiert. Die Analytikerin Helene Deutsch erinnerte sich später: „Mein persönlicher Kontakt zu Melanie Klein war in der Zeit, als wir beide Analysanden von Karl Abraham in Berlin waren, recht intensiv. Ich denke, daß Abraham zwar Erfolg bei der Behandlung der neurotischen Probleme von Frau Klein hatte, daß jedoch diese Analyse keinen bleibenden Einfluß auf ihre extrem spekualtiven Vorstellungen von der Kinderanalyse hatte. Ich bekam ihre Spekulationen oft zu hören, da wir während unserer Analyse in derselben Pension in der Nähe von Abrahams Praxis wohnten."

Melanies Umzug nach London 1926 war eine Flucht in mehrfacher Hinsicht. Seit Abrahams Tod geriet sie in der Berliner Psychoanalytischen Gesellschaft immer mehr ins Abseits; Michael Balint berichtet gar von „sardonischem Gelächter", mit dem ihre Ausführungen gelegentlich aufgenommen wurden. Ein weiterer Grund zur Flucht war das Scheitern einer Liebesgeschichte mit einem jüngeren, verheirateten Mann, Chezkel Klötzel, in die sie – wohl zum ersten- und vielleicht auch zum letztenmal in ihrem Leben – die ganze Fülle ihrer Gefühle investiert hatte.

In ihren Briefen und in ihrem Tagebuch gab sie ihm den Namen „Hans" – eine erstaunliche Wahl, denn so hieß ihr älterer Sohn. Klötzel war Reisejournalist und Autor von Kinderbüchern, und er hatte eine frappierende äußere Ähnlichkeit mit Melanies geliebtem Bruder Emanuel. Die Romanze währte kaum länger als ein halbes Jahr, unterbrochen von Klötzels Reisen und seinen Rückzugsaktionen, wenn er sich gerade einmal wieder mehr als Ehemann und Vater fühlte.

Was für Melanie offenbar eine große Liebe bedeutete, war für Klötzel nur eine Affäre, die bald durch eine Reiseromanze abgelöst wurde. Doch in vertrauter Weise zog sie ihre Phantasie der Realität vor und stilisierte die Beziehung auch nach ihrem Ende noch in poetische Höhen. In ihren Briefen bewahrte sie vollendet Haltung; nur die Briefentwürfe, die noch existieren, zeigen in den Streichungen, wie groß ihr Schmerz tatsächlich war.

London war dann die Erlösung von aller Pein. Es war Melanies Glück, daß die Londoner Psychoanalytische Gesellschaft damals ein eher langweiliges Häufchen war, meilenweit zurück hinter den potenten Wienern, Berlinern und Budapestern, wenngleich sie schon so bedeutende Namen aufzuweisen hatte wie Edward Glover oder Joan Riviere. Daß Melanie Klein von Ernest Jones, der ihr zwei seiner Kinder samt Ehefrau zur Analyse anvertraut hatte, in die Gesellschaft eingeführt wurde, sicherte ihr von vornherein einen guten Platz. Ihre neuen Ideen wurden zum Teil geradezu mit Begeisterung aufgenommen.

Es ist ganz erstaunlich, wie konträr die Reaktionen auf Melanie Kleins Persönlichkeit sein konnten. Sie wird beschrieben als wenig umgänglich, herrschsüchtig, hart, humorlos, nachtragend – und dennoch war ihre ungebrochene Identifikation mit ihrem gloriosen Selbstbild derart überzeugend, daß sich offenbar viele in ihrer Umgebung diesem Sog nicht zu entziehen vermochten. 1927 schrieb Sandor Ferenczi, der einst selbst Melanie zu Füßen gelegen hatte, nach einem Besuch in London in einem Brief an Freud über den „beherrschenden Einfluß, den Frau Klein auf die gesamte Gruppe hat. Jones hat nicht nur Frau Kleins Methode übernommen, sondern auch ihre persönlichen Beziehungen zur Berliner Gruppe. Abgesehen vom wissenschaftlichen Wert ihrer Arbeit, empfinde ich dies als einen Einfluß, der gegen Wien gerichtet ist. Jones drängte mich, Stellung zu beziehen, aber ich weigerte mich und sagte, daß es hier um Wissenschaft und nicht um Parteien gehe; man muß die Entwicklung abwarten."

1927 brach der Analytiker-Krieg aus zwischen Melanie Klein und Anna Freud, und er sollte erst mit dem Tod der beiden Frauen enden. Wer „angefangen" hat, läßt sich nur noch schwer herausfinden. Laut Phyllis Großkurth begann er mit einer Schrift über die Technik der Kinderanalyse, die Anna Freud im März 1927 an die Berliner Gesellschaft schickte – „in Wirklichkeit ein Angriff auf Melanie Klein", wie die Biographin vermerkt. Anders der Biograph Anna Freuds, Uwe Henrik Peters. Er verweist auf das Symposium über Kinderanalyse, das die Britische Psychoanalytische Gesellschaft im Mai 1927, also zwei Monate später, veranstaltete. Hierbei sei es, so schreibt er, ausschließlich darum gegangen, Anna Freuds eben erschienenes erstes Buch „Einführung in die Technik der Kinderanalyse" auseinanderzunehmen und Anna Freud als Kinderanalytikerin herunterzumachen – vornehmlich von Melanie Klein.

Der eher pragmatischen, wenn auch den psychoanalytischen Theorien ihres Vaters zutiefst verpflichteten Anna Freud mußte die überaus spekulative Art, in der Melanie Klein ihr System aufbaute, ein besonderes Ärgernis sein.

Sigmund Freud, der die Kontroverse zwischen seiner Tochter und Melanie Klein verfolgte, ließ zwar im privaten Rahmen keinen Zweifel daran, daß er Kleins Auffassung der Kinderanalyse ablehnte – ihre Theorie von der Art des frühkindlichen Ego bezeichnete er wörtlich als „völlig unmöglich und im Widerspruch zu allen meinen Annahmen". Doch öffentlich zog er es vor zu schweigen, vermutlich aus Sorge, man könnte es ihm als Protektion der eigenen Tochter auslegen, wenn er sich gegen Melanie Klein äußern würde.

Ernest Jones seinerseits verblieb in einer Position zwischen den Parteien; er wollte weder Melanie noch Anna, noch Sigmund Freud vor den Kopf stoßen, und so balancierte er unglücklich zwischen allen Stühlen. Auf diese Weise wurde der innenpolitische Druck der Gesellschaft bis zu einem gewissen Grade von Melanie ferngehalten, und so konnte sie, unterstützt von ihrer Tochter, nun ihre Ideen in Ruhe entfalten. 1932 veröffentlichte sie ihr wichtigstes Buch, „Die Psychoanalyse des Kindes" – in der Wahl des Titels unschwer als Gegenstück zu Anna Freuds „Einführung in die Technik der Kinderanalyse" zu erkennen und, verglichen mit Melanies früheren Schriften, ganz offenbar reichlich davon inspiriert.

Edward Glover, neben Ernest Jones der wichtigste Mann in der Britischen Psychoanalytischen Gesellschaft, lobte Melanies Buch über alles. Die Wogen seines Lobes rissen die potentiellen Klein-Anhänger mit, wodurch jedoch auch die abgrenzende Haltung der Opponenten gestärkt wurde. Anna-Freud-Biograph Peters berichtet von der Gegenseite: „Das Erscheinen des Buches nimmt Franz Alexander von Chicago aus zum Anlaß, um in sehr deutlicher Form noch einmal die Schwächen Melanie Kleins aufzudecken. Alexander kommt zu dem wahrscheinlich zutreffenden, aber bis dahin noch nicht ausgesprochenen Schluß, daß die therapeutischen Erfolge Melanie Kleins mehr auf der von ihr bestrittenen pädagogischen Beeinflussung des Kindes durch ihre Persönlichkeit als auf der Richtigkeit ihrer Theorien beruht, was ‚wegen der großen Beeinflußbarkeit und Elastizität der Kinderseele ja unvermeidbar‘ ist.“

Diesem Jahr des größten Triumphs folgten allerdings höchst unangenehme Entwicklungen. Edward Glover begann sich von ihr abzuwenden, und Tochter Melitta kam zu der Erkenntnis, daß sie ihre neurotische Abhängigkeit von ihrer Mutter beenden müsse. Daß Edward Glover Melittas Analytiker wurde, gab der Angelegenheit zusätzliche Brisanz. 1934, im Alter von dreißig Jahren, schrieb Melitta ihrer Mutter den entscheidenden Brief: „Du bedenkst nicht zur Genüge, daß ich ganz anders bin als Du. Ich habe Dir schon vor Jahren gesagt, daß nichts eine schlimmere Reaktion in mir auslösen kann, als wenn man mir Gefühle aufzwingen will – es ist der sicherste Weg, jedes Gefühl abzutöten. Leider hast Du eine starke Neigung, mir Deine Art von Meinungen, von Gefühlen, Deine Interessen, Deine Freude usw. aufzudrängen. Ich bin jetzt erwachsen und muß unabhängig sein; ich habe mein eigenes Leben, meinen Mann; ich muß Interessen, Freunde, Gefühle und Gedanken haben dürfen, die anders als die Deinen oder gar entgegengesetzt sind. Ich glaube nicht, daß die Beziehung zur Mutter, wie gut auch immer, das Lebenszentrum einer erwachsenen Frau sein sollte. Ich hoffe, Du erwartest von meiner Analyse nicht, daß ich Dir gegenüber erneut eine Haltung wie vor ein paar Jahren einnehme. Das war eine neurotische Abhängigkeit. Ich kann – mit Deiner Hilfe – wieder eine gute und freundliche Beziehung zu Dir gewinnen, wenn Du mir genügend Freiheit, Unabhängigkeit und Andersartigkeit zugestehst und wenn Du versuchst, in diverser Hinsicht weniger empfindlich zu sein. Vergiß bitte auch nicht, daß dadurch, daß wir denselben Beruf haben, eine schwierige Situation entstanden ist. Dieses Problem könnte gelöst werden, wenn Du mich wie andere Kollegen behandeln und mir dieselbe Freiheit des Denkens und des Darstellens meiner Meinungen gestatten würdest wie anderen. In Liebe Deine Melitta."

Aber Melanie gestand diese Freiheit niemandem zu. Wer nicht für sie war, war gegen sie. Die Situation permanenten Streits, die sie stets um sich herum kreierte, spricht für sich. Eine aufschlußreiche kleine Marginalie ist die Reaktion Melanies auf eine Büste von sich selbst, die sie bei dem Bildhauer Oscar Nemon, bekannt durch sein Freud-Konterfei, in Auftrag gegeben hatte. Er gestaltete sie in seiner üblichen Art in doppelter Lebensgröße – und Melanie Klein verabscheute das Bildnis so heftig, daß sie es zerschlug. Nemons Kommentar dazu lautete: „Mein Eindruck war der, daß Melanie eine bemerkenswerte Tendenz zum Pompösen hatte und zu selbstgerechtem Gehabe neigte. Vielleicht wurden diese Eigenschaften in meinem Werk sichtbar und verursachten ihr einiges Unbehagen."

Die gespannte Atmosphäre zwischen Mutter und Tochter färbte die Stimmung in der Psychoanalytischen Gesellschaft. Melitta resümierte 1971, elf Jahre nach dem Tod ihrer Mutter und lange, nachdem sie selbst jede psychoanalytische Tätigkeit aufgegeben hatte, im „British Journal of Psychiatry" ihren eigenen Platz innerhalb der Opposition zu den Kleinianern – und natürlich ganz besonders zu Melanie: „Man kritisierte mich, weil ich meine Aufmerksamkeit mehr auf das Umfeld des Patienten und auf die reale Situation richtete, und weil ich das Moment der Beruhigung und ein gewisses Maß an Beratung als legitime Anteile der analytischen Therapie betrachtete. Aber ich hatte immer das Gefühl, daß der Hauptgrund für die ablehnende Haltung darin lag, daß ich nicht mehr so kleinianisch linientreu war. (Freud galt zu dieser Zeit als ziemlich überholt.) Frau Klein hatte psychotische Phasen und Mechanismen in den ersten Lebensmonaten postuliert und behauptet, daß die Analyse dieser Phasen die Essenz der analytischen Theorie und Therapie darstellten. Ihre Behauptungen wurden zunehmend extravagant, und sie verlangte kritiklose Loyalität und tolerierte keinerlei Widerspruch."

Tatsächlich stand Melitta mit dem Rücken zur Wand und versuchte sich mit rabiaten Angriffen gegen die Übermacht ihrer Mutter und ihres Anhangs zur Wehr zu setzen, nicht immer überzeugend unter dem Vorwand der „wissenschaftlichen Opposition". Einer der Beobachter, William Gillespie, sagte über diese Attacken Melittas: „Es war manchmal entsetzlich, wirklich entsetzlich."

In das schlimme Jahr 1934 fiel auch der Unfalltod von Hans, Melanies siebenundzwanzigjährigem Sohn. Bei einer Bergwanderung in der Hohen Tatra stürzte er ab, und Melitta verstieg sich in die Behauptung, ihr Bruder habe Selbstmord begangen, wofür es allerdings keinerlei Belege gibt. Vielmehr spricht gegen diese Annahme, daß Hans verliebt war und bald heiraten wollte. Aber Melitta gab nicht so leicht auf. In einem Papier zu dem Thema Selbstmord, das sie bei einer Sitzung der Gesellschaft vortrug, heißt es: „Angst und Schuld sind nicht die einzigen Emotionen, die für Selbstmord verantwortlich sind. Um nur einen der anderen Faktoren zu erwähnen: extreme Gefühle der Abscheu, die zum Beispiel durch tiefe Enttäuschungen seitens geliebter Personen oder durch den Zusammenbruch von Idealisierungen ausgelöst werden, erweisen sich häufig als Auslöser für Suizid."

Mutter wie Tochter bauten aus dem Material ihrer eigenen Erlebnisse und daraus gewonnenen Ableitungen allgemeine Theorien auf – ein Verfahren, das zwar in den Pionierzeiten der Tiefenpsychologie durchaus üblich war, aber wohl von keinem ihrer Vertreter so extrem angewandt wurde wie von Melanie Klein. Selbst Donald Winnicott, ein mit großer Intuition begabter Kinderanalytiker und ein – wenngleich nicht militanter – Kleinianer, ärgerte sich darüber, daß sie ihre Erkenntnisse jeweils für die höchste und letzte Wahrheit auszugeben pflegte. 1981 rutschte ihm in einem Interview die Bemerkung heraus: „Ich glaube, sie liebte ihre Ignoranz!"

Während Melanie Klein 1937 zusammen mit Joan Riviere ihr Buch „Seelische Urkonflikte" herausgab, erreichte der Konflikt mit Melitta seinen Höhepunkt. Mit großer Bitterkeit klagte sie die dogmatische Haltung ihrer Mutter und ihres Clans an und traf dabei manche weiche Stelle – etwa im Hinblick darauf, daß kaum ein Kind eines Analytikers der Analyse durch einen Kollegen entgehen konnte, wenn es nicht gar, wie sie und ihre Geschwister, innerhalb der Familie analytisch ausgebeutet wurde: „Die Analyse wird als Buße betrachtet, als ein Prozeß der Reinigung, als eine religiöse Übung; in der Analyse voranzukommen bedeutet, seine Pflicht zu erfüllen, den Eltern zu gehorchen, seine Gebete zu lernen, sich zu läutern ...

Die voll analysierte Person ist das ideale gute Kind, frei von allen Aggressionen, prägenitalen Interessen oder auch nur den winzigsten Symptomen oder Schwierigkeiten. Der Patient ist seinen Symptomen gegenüber ebenso intolerant, wie seine Eltern gegenüber seinen Launen, Ängsten, schlechten Angewohnheiten und seinem Weinen. Der ungeduldige Wunsch, diese Neurose loszuwerden, könnte eine Wiederholung der Ungeduld seiner Eltern mit der Hilflosigkeit oder Krankheit seiner Kindheit sein ...

Manche Analytiker scheinen es als erwiesen anzusehen, daß analysierte Eltern auch die besten Eltern sind. Das ist eindeutig nicht der Fall. Legitimerweise können wir nicht mehr erwarten, als daß eine Person, die mit Erfolg analysiert wurde, zu ihrem Kind eine bessere Beziehung hat als vor der Analyse. Aber diese korrigierte Haltung ist nicht zwangsläufig besser; in Wirklichkeit ist sie häufig schlechter als die von ganz natürlich guten Eltern."

Es ist kein Wunder, daß die sonst so robuste Melanie in diesem Jahr, 1938, krank wurde und sich einer Gallenblasenoperation unterziehen mußte. Und der Ärger hatte kein Ende. Die Ankunft von Vater und Tochter Freud in London, mit knapper Not den Nazis entkommen, setzte in der Britischen Psychoanalytischen Gesellschaft einen völlig neuen Akzent. Bald gab es die solide Gruppe der „Wiener" oder „Kontinentler" um Anna Freud, die Kleinianer um Melanie und schließlich noch eine neutrale Gruppe dazwischen. Melanie, die große Angst vor den deutschen Bomben hatte und sich in den ersten Kriegsjahren nach Cambridge und dann ins „Hinterland" in Schottland zurückzog, war mit der Analyse ihres berühmtesten Falles, Richard, betraut und trat meist nur brieflich in Erscheinung. In Briefen an Jones ließ sie durchblicken, daß sie seine Bemühungen, die Freuds nach England zu bringen, als Gemeinheit ihr gegenüber betrachtete. Es gab ihrer Ansicht nach genügend andere Länder, die als Exil in Frage gekommen wären – warum denn dann gerade ihr, Melanie Kleins, Hoheitsgebiet!

So wurde der große Krieg der Völker von Melanies kleinen Kriegen begleitet – mit ihrer Tochter, mit Edward Glover, dem Jones weitgehend die Führung der Gesellschaft übergeben hatte, mit ihrer ehemaligen Freundin und Kollegin Paula Heimann, die zu sehr nach Eigenständigkeit strebte und von Melanie schließlich aus der Gesellschaft gedrängt wurde, und – last not least – mit Anna Freud. Die erste Begegnung zwischen den beiden Frauen bei einer Sitzung des analytischen Trainingskomitees machte die unauflösbaren Fronten deutlich. Anna Freud fand Melanies Konzepte psychoanalytisch untragbar, und Melanie Klein bestand auf ihren Theorien und darauf, daß sie die besseren seien.

1941 kochte das Süppchen über. Nun wurde ernsthaft überlegt, welche der Parteien die stärkere sei, mehr Anhänger, mehr Studenten habe, wer sich überhaupt als echt psychoanalytisch bezeichnen dürfe – Edward Glovers Ansicht nach die Kleinianer nicht – und ob sich nicht am besten die Kleinianer separieren und eine eigene Gesellschaft bilden sollten.

Über diesen „Krieg im Krieg" schreibt Biographin Großkurth: „Da der größte Teil der Mitglieder zu dieser Zeit außerhalb Londons lebte, zirkulierten ständig agitatorische Briefe von allen Seiten. Die Leute waren krank, müde, hungrig und reizbar in der schwierigen Zeit des Krieges. Aber Melanie Klein war in ihrem Element, sie kämpfte um ihr Leben, sie stellte ihre Truppen auf und brachte sie in Gefechtsstellung, gab ihre Befehle aus, schüchterte ein, ermutigte wieder und war von nicht erlahmender Wachsamkeit."

Tatsächlich konnte Melanie Klein dank ihrer taktischen Geschicklichkeit vermeiden, abgespalten zu werden. Sie arrangierte sich mit Anna Freud, so gut es eben gehen mochte, und verzichtete auf theoretische Angriffe. Aber im Grunde änderte sich nichts. So klagte sie gegenüber ihrer engsten Mitarbeiterin, Joan Riviere:

„Annas Abscheu und Feindseligkeit meiner Arbeit gegenüber haben sehr tiefe Wurzeln, und nur, wenn man die Situation in der Gesellschaft anders gehandhabt hätte, wäre ihr klargeworden, daß sie sich vorsichtiger verhalten müßte. So, wie es jetzt ist, nachdem die Britische Gesellschaft ihre Angelegenheiten anscheinend von den Wienern lenken läßt, hat sie keinen Grund, sich zurückzuhalten ... Für sie muß es so aussehen, als ob ich keinen Boden mehr unter den Füßen und keine Unterstützung mehr hätte. Es ist klar, daß es für sie die einfachste Lösung wäre, wenn sie mich loswerden könnte. Aber wenn die Gesellschaft von den Wienern übernommen wird und sie darüber entscheiden werden, was in der psychoanalytischen Theorie und Praxis richtig oder falsch ist, dann wird das den englischen Mitgliedern bei weitem nicht so gut gefallen, wie sie jetzt vielleicht glauben."

Und in einem anderen Brief heißt es: „Anna Freud ist extrem diktatorisch in dem, was sie für psychoanalytisch richtig oder falsch hält, und scheint nicht bereit zu sein, irgend etwas zu akzeptieren, was über ihre Anschauungen hinausgeht."

Daß der Vorwurf, diktatorisch und intolerant gegenüber anderen Meinungen zu sein, nicht zuletzt auch auf sie selbst zutraf, hat Melanie Klein nie wahrhaben wollen. Es ist fraglich, ob sie überhaupt jemals eine einigermaßen gesunde Distanz sich selbst gegenüber aufbrachte – jene Distanz, die es ihr ermöglicht hätte, Freundschaft mit sich selbst zu schließen und gelassener und großzügiger ihrer Umgebung gegenüber zu sein. Sie hat immer wieder in ihrem Leben unter heftigen depressiven Zuständen gelitten, und sie fühlte sich sehr einsam im Alter. Sie war doktrinär und dominierend nach außen, aber zugleich brauchte sie stets ungeheuer viel Bestätigung. Das ging so weit, daß sie einmal – es war wohl in den fünfziger Jahren – nach einer Sitzung in Tränen aufgelöst in der Halle vorgefunden wurde, weil einer der Redner, der zu ihren Anhängern gehörte, versäumt hatte, sie ausdrücklich würdigend zu erwähnen. Die Angst, zu kurz zu kommen, war alt und tief. Melanie Klein war berühmt – oder besser berüchtigt – dafür, ebenso gierig im Essen wie im Reden zu sein. Ein Analytiker erinnert sich: „Wenn Frau Klein zum Dinner eingeladen war, war man immer besorgt, ob das Essen auch gut genug sei."

Eine gewisse Armutsmentalität äußerte sich auch in ihrem phantastischen Gedächtnis für die geringsten Schulden, die jemand bei ihr hatte. Selbst mit Gefühlen schien sie zu geizen: ihre Schwiegertochter Judy, Erichs Frau, mochte es gar nicht, wenn die Oma eines ihrer kleinen Kinder hielt, weil sie, so fand Judy, sich merkwürdig verkrampft und unnatürlich verhielt. Auch im Umgang mit ihren Patienten hielt sie stets gewaltigen gefühlsmäßigen Abstand, mehr noch, als der Patriarch Freud bereits verordnet hatte. Sie bestand darauf – sehr im Unterschied zu Anna Freud –, zu ihren kindlichen Analysanden keine liebevolle, innige Beziehung aufzubauen. Vielmehr konzentrierte sie sich ganz auf die negative Übertragung – zwar ein wichtiger Faktor, aber in solcher Ausschließlichkeit wohl zweifelhaft. Eine erwachsene Analysandin von Melanie Klein, Jean MacGibbon, auf die Melanie Klein in ihren letzten Lebensjahren wieder einmal eine Art Tochterstatus projizierte, berichtet von einer Szene, in der Melanie sie bat, sie beim Vornamen zu nennen. „O nein, Frau Klein, das kann ich einfach nicht", antwortete die junge Frau spontan. Man konnte mit Melanie Klein nicht einfach so per Du sein. Und es gab nur wenige, die es waren.

Ihre Bücher sind schwer lesbar, in einem theoretisch schwülstigen Stil gehalten, der sich sehr von der brillanten und lebendigen Ausdrucksweise Anna Freuds unterscheidet. Ihre Ideen von der frühkindlichen Psyche: von der „paranoid-schizoiden Position" und der „depressiven Position", von der „projektiven Identifikation" und der „manischen Abwehr", von Neid und Wiedergutmachung und Ödipuskomplex im Babyalter – denn sie war der Ansicht, im Baby spielten sich schon die differenzierten Abläufe von Ich und Über-Ich ab – klingen für heutige Ohren mehr als alle anderen Konzepte der Psychoanalyse nach Papier und willkürlicher Konstruktion. Daß Melanie Klein wenig oder gar keine Unterscheidung macht zwischen Phantasie und Wahrnehmung, wirft zwar ein Licht auf ihre persönliche Psychologie, ist jedoch als allgemeine psychologische Theorie fast eine Katastrophe zu nennen.

Melanie Kleins großes, durchgängiges Thema war Destruktivität, mit einer besonderen Betonung des Neides, und ihr Menschenbild war geprägt von einer Zeit, in der sich die verteufelte, verdrängte Sexualität mit aller Macht zu offenbaren suchte. Überdeutlich wird dies dokumentiert durch die Erinnerung jenes Mannes, der als „Der Fall Richard " – Melanies bestdokumentierte Analyse eines Kindes – berühmt wurde. Der alte Herr erzählte der Biographin: „Da waren zwei Zimmer, und einen Tisch muß es gegeben haben. Auch Spielsachen müssen dagewesen sein. Die einzigen Spielsachen, an die ich mich erinnere, sind die Kriegsschiffe ... Wir bombardierten damals die Deutschen. Berlin und so weiter und so weiter, und dann auch Brest. Melanie warf sich auf das Wort Brest – das englische Wort für „Brust" klingt genau so –, das natürlich ihr Angelpunkt war. Sie redete ständig über das „große Mammi-Genital" und das „große Pappi-Genital". Ich kann mich nicht erinnern, was sie außerdem zu sagen hatte. Genitalien waren von sehr großer Bedeutung."

Der kleine Richard wurde im Alter von zehn Jahren vier Monate lang von Melanie Klein tagtäglich analysiert – ein Auftrag, der es ihr ermöglichte, vor dem Terror des Krieges nach Schottland zu flüchten. Das war übrigens die Zeit, in der Anna Freud die verstörten Kriegskinder in den Londoner U-Bahnhöfen einsammelte und ihr berühmtes Kinderheim „Hampstead Nurseries" mit schwedischer und amerikanischer Unterstützung aufbaute. An Depressionen litt Richard danach weiterhin, und als er sechzehn war, entschloß er sich, sie wieder aufzusuchen. Über diese Begegnung, die Melanie nur zögernd gewährte, sagte er: „Sie war nicht bereit, sich die geringste Mühe zu machen, um mir zu helfen ... Ich hatte das Gefühl, daß sie mich auf sehr höfliche Weise hinauswarf. Es war ihr nicht danach, irgend etwas für mich zu tun. Vielleicht war das mein Gefühl, aber es war eben der Eindruck, den ich damals hatte. Wenn ich auf diese Episode zurückblicke, vermute ich, daß sie eine alte, müde Frau wurde und sich auf nichts einlassen wollte."

In ihrem letzten Lebensjahrzehnt, 1950 bis 1960, schrieb Melanie Klein eifrig an ihrer Autobiographie und veröffentlichte eine Reihe von Schriften, die hauptsächlich in dem Buch „Das Seelenleben des Kleinkindes" zusammengefaßt sind. Hier finden sich noch einmal die komprimierten Hauptaussagen der Kleinschen Psychologie, wie etwa folgende: „Ich habe wiederholt die Hypothese vorgetragen, daß das früheste gute Objekt, die mütterliche Brust, den Kern des Ichs bildet und höchst bedeutsam für sein Wachstum und seine Integration ist ... Die Fähigkeit, eine Befriedigung durch die Brust voll zu genießen, bildet das Fundament sowohl für alles spätere Glücklichsein wie für Lustgewinnung verschiedenster Art."

Sie schrieb wohl auch gegen die Einsamkeit an, wie man den Erinnerungen ihrer Haushälterin, Miss Cutler, entnehmen kann. Melanie fragte sie einmal, ob sie sich jemals einsam fühle. Die Haushälterin bejahte dies, und sie fügte hinzu, daß es wohl wichtig sei, tätig zu bleiben. Darauf antwortete die alte Dame unvermittelt: „Wissen Sie, ich glaube, ich werde etwas über Einsamkeit schreiben."

Sie haßte die Einsamkeit, schreibt die Biographin. Sie haßte sie, weil sie so lebensnotwendig Bestätigung brauchte. Das Schönste war für sie, wenn jemand ihre Bücher lobte und den Beweis erbrachte, daß er sie auch gelesen hatte. Der grausamste Entzug allerdings war Melittas Schweigen. Melanie hatte ihre Tochter vollkommen und endgültig verloren, und wie sehr sie darunter litt, läßt ein Satz in einem unveröffentlichten Manuskript erkennen: „Jemanden zu vergessen bedeutet, ihn im Unterbewußtsein zu töten."

Im Frühjahr 1960 begann die nun achtundsiebzigjährige Melanie Klein an Anämie zu leiden. Im Sommer wurde Darmkrebs diagnostiziert und erfolgreich operiert. Bis zuletzt konnte sie nicht auf ihren persönlichen Krieg verzichten: Sie verabscheute ihre Nachtschwester, über deren Herrschsüchtigkeit sie sich beklagte. Sie warf die Nachtschwester hinaus, fiel daraufhin aus dem Bett und starb am 22. September an den Folgen dieses Sturzes.

Am Tag der Einäscherung hielt Melitta in London einen Vortrag. Sie trug, so wird kolportiert, leuchtend rote Stiefel. Den letzten Abschied hat sie ihrer berühmten Mutter verweigert. Schuld und Neid, die großen Akzente des Familienromans der Melanie Klein, blieben dominierend bis zum Ende.

Sabina Spielrein (1885–1941)

Die unglücklichste Gestalt unter den Frauen um Freud ist Sabina Spielrein, erst Patientin C. G. Jungs, dann seine Geliebte, Studentin bei Jung wie bei Freud, in der Beziehung zu den beiden Heroen der Tiefenpsychologie ebenso Opfer männlich-chauvinistischer Ignoranz wie vergebliche Friedenstifterin.

„Die Kleine" nannten die beiden Männer, damals noch nicht entzweit, in patriarchaler Überlegenheit die junge Studentin der Medizin, Psychiatrie und Psychoanalyse. Immerhin attestierte ihr Freud, der sich nicht leicht zu einem Lob für weibliche Fähigkeiten hinreißen ließ, in einem Brief an Jung: „Sie ist sehr gescheit; alles, was sie sagt, hat Sinn."

Manchmal war sie wohl gar zu gescheit – so etwa, als sie 1912 im „Jahrbuch der Psychoanalyse" die These von einem „Destruktionstrieb" veröffentlichte, die Freud zu dieser Zeit heftig ablehnte, während er eben diese These acht Jahre später in „Jenseits vom Lustprinzip" fast wortwörtlich übernahm, ohne ein Wort über die Begründerin zu verlieren. Es sollten fünfundzwanzig Jahre vergehen, bis Freud, sich vage entschuldigend, in seinem Buch „Das Unbehagen in der Kultur" schrieb: „Ich erinnere mich meiner eigenen Abwehr, als die Idee des Destruktionstriebes zuerst in der psychoanalytischen Literatur auftauchte, und wie lange es dauerte, bis ich für sie empfänglich wurde."

Auch hier kein Wort davon, von wem diese Idee kam – war der große Entlarver der psychologischen Hintergründe des „Vergessens" selbst in die Falle des Vergessens gegangen?

Sabina hatte in ihrer Arbeit „Die Destruktion als Ursache des Werdens" auf ein Prinzip in Mythologien hingewiesen, jeden Übergang von einem Zustand in einen anderen als einen

117

Tod darzustellen. Analog dazu sah sie im „Sexualinstinkt" ebenfalls eine Todeskomponente – und winkte in ihrer Arbeit ihren Kollegen mit einem vielleicht zu kleinen Zaunpfahl zu: „Freud zeigte, daß jedes Traumbild zugleich auch sein Negativ bedeutet, Freud zeigt auch, daß die Linguistik einen ‚Gegensinn der Urworte' kennt. Bleuler mit dem Ambivalenzbegriff und Stekel mit seinem Begriff der Bipolarität sagen, daß neben dem positiven Antrieb stets auch ein negativer in uns vorhanden ist. Jung meint, die beiden Antriebe sind gleich stark, wenn wir sie nicht bemerken; es genügt aber ein kleines Übergewicht eines Antriebs, eines Wunsches, und es kommt uns vor, wie wenn wir nur dieses wünschten. Diese Lehre ist sehr wohl geeignet, zu erklären, warum man im Sexualinstinkt den Todesinstinkt *übersieht.*"

Sabina Spielrein war eine allzu gelehrige Schülerin, so gelehrig, daß sie nicht daran dachte, Lehrmeinungen einfach nur zu wiederholen. Sie hatte eine ausgeprägte innovative Begabung – unübersehbare Konkurrenz für die Männer, die Frauen viel lieber als leise, bestätigende Musen sahen. Schon in ihrer Dissertation „Über den psychologischen Inhalt eines Falles von Schizophrenie" schrieb die 26jährige mutig: „Ich habe mir vorgenommen, einen Fall von paranoider Demenz zu untersuchen, und zwar zunächst ohne Rücksicht auf bestehende Lehrmeinungen, einzig geleitet von der Absicht, einen vertieften Einblick in die Seelenvorgänge dieser Kranken zu gewinnen."

Es war Sabina Spielreins trauriges Schicksal, in den Rivalitätskampf zweier bedeutender Männer zu geraten, denen sie sich, abgesehen von der privaten Seite, als Schülerin verbunden fühlte. Obwohl sie als Psychoanalytikerin anerkannt war und Freud ihr stets ein gewisses Wohlwollen zeigte, wurde ihre Arbeit schließlich von beiden Seiten ignoriert – von den psychoanalytischen Nachfolgern Freuds, weil sie sich nicht nachdrücklich genug von Jung distanzierte, und von der Jungschen Seite, weil sie sich als Freud-Schülerin bekannte.

Die späte Entdeckung der Tagebücher von Sabina Spielrein und ihrer Korrespondenz mit Freud und Jung – sie wurden

1977 im Keller des Palais Wilson in Genf gefunden – wirft ein neues Licht auf die Frühgeschichte der Tiefenpsychologie. Todestrieb-Theorie und Psychologie der Übertragung – wären sie so und nicht anders entwickelt worden ohne Sabina Spielrein?

1904 wurde die junge Sabina wegen schwerer psychischer Störungen von ihren Eltern in die Psychiatrische Klinik in Zürich, das Burghölzli, eingeliefert. C. G. Jung, Oberarzt an dieser Klinik, dreißig Jahre alt und Freud-Anhänger, schrieb an den „hochverehrten Herrn Professor" über diesen Fall: „Ich behandle gegenwärtig eine Hysterie nach Ihrer Methode. Schwerer Fall, zwanzigjährige russische Studentin, krank seit sechs Jahren."

Jung diagnostizierte bei seiner Patientin eine „psychotische Hysterie" und berichtete Freud ausführlich über ihre Krankheitsgeschichte. Der Patriarch antwortete: „An Ihrer Russin ist erfreulich, daß es eine Studentin ist; ungebildete Personen sind für uns derzeit allzu undurchsichtig."

Sabina war die Bildung sozusagen schon in die Wiege gelegt worden. 1885 in Rostow am Don als erste Tochter einer reichen und angesehenen jüdischen Familie geboren, war es für sie selbstverständlich, mehrsprachig aufzuwachsen: man sprach Russisch, Deutsch, Englisch und Französisch. Der Vater war Kaufmann, die Mutter hatte eine Hochschulausbildung erhalten. Obwohl ihre großbürgerlichen Eltern später einige Großherzigkeit zeigten, scheint die Kindheit der kleinen Sabina nicht einfach gewesen zu sein. Aldo Carotenuto, der Herausgeber von Sabinas Tagebuch und Briefen unter dem Titel „Tagebuch einer heimlichen Symmetrie", schreibt über ihr Grundproblem: „Sabinas Mutter hatte in ihrer Ehe keinerlei Befriedigung gefunden, und Liebe war ihr ein unbekanntes Gefühl. Sabina, ihre Älteste, hat wohl für diese Herzenskälte zahlen müssen, und von frühester Kindheit an hat sie wohl Angst vor dem Verlassenwerden und vor der Liebe empfunden."

Sabina schrieb in ihrem Tagebuch lapidar über die Beziehung zwischen ihrer Mutter und ihrem Vater: „Er liebt sie; sie wird von ihm geliebt. Das ist die Geschichte meiner Eltern."

Nächtliche Alpträume, Größenphantasien und zwanghafte Vorstellungen plagten das kleine Mädchen, und in der Pubertät wurde ihr Zustand noch schlimmer. Sie schaffte es zwar, ihr Abitur zu absolvieren, doch im Alter von achtzehn Jahren etwa war sie so verstört, daß sie niemanden mehr anschauen konnte und abwechselnd von depressiven Krisen und wilden Wein-, Lach- und Schreikrämpfen überfallen wurde.

In C. G. Jung fand Sabina einen eifrigen und hingebungsvollen Arzt, der sie in einer nur zehnmonatigen Behandlung aus der psychotischen Krise befreite. Es war sein erster großer Erfolg, und noch während er Sabina ambulant weiter therapierte, schrieb er in seinem Buch „Die Freudsche Hysterietheorie" darüber.

Sabina immatrikulierte sich 1905 an der Züricher Universität und begann mit dem Studium der Medizin. Sie fühlte sich unsicher, und sie sah vor allem in ihrer Weiblichkeit ein großes Hindernis – einerseits angesichts der kulturell sanktionierten minderwertigen Rolle der Frau und andererseits wegen ihres inneren Zwiespalts, der ihr suggerierte, zwischen Liebesglück und Wissenschaft entscheiden zu müssen. Sie schrieb in ihr Tagebuch: „Ohne die Wissenschaft ist für mich das Leben völlig sinnlos. Was bleibt mir noch, wenn nicht Wissenschaft? Heiraten? Aber wenn man darüber nachdenkt, das ist schrecklich: Das Herz tut mir weh, ich möchte Liebe, Zärtlichkeit, aber das ist doch nur trügerischer, zeitlicher, äußerer Glanz, der die erbärmliche Prosa verdeckt. Das kostet bereits eine Unterjochung der Persönlichkeit ... Wenn ich doch so ein kluger Mensch wäre wie mein Jung! Teufel! Ich möchte schon wissen, ob aus mir was werden kann. Aber dumm ist auch, daß ich kein Mann bin: ihnen gelingt alles leichter ... Unverschämt ist noch, daß für sie das ganze Leben eingerichtet ist. Aber ich will keine Sklavin sein."

Sabina schaffte ihr Studium trotz aller Ängste. 1911 promovierte sie, unterstützt von Jung, mit der Dissertation „Über den psychologischen Inhalt eines Falles von Schizophrenie", die im „Jahrbuch für psychoanalytische und psychopathologische Forschungen" veröffentlicht wurde. Während ihres Studiums war sie Patientin und zugleich auch Schülerin von C. G. Jung. Sie verliebte sich in ihn – und er verliebte sich in sie.

An Hochstilisierung des Gefühls standen sie einander in nichts nach. Heftig ergriffen – und mit einiger suggestiver Tendenz, wenn man bedenkt, daß er relativ glücklich verheiratet war –, schrieb Jung an sie: „Ihr Bild hat sich ganz verwandelt, und ich möchte Ihnen gerne sagen, wie sehr, sehr glücklich es mich macht, hoffen zu dürfen, daß es Menschen gibt, die mir ähnlich sind, bei denen Leben und Denken eines ist, gute Menschen, die die Kraft ihres Geistes nicht dazu mißbrauchen, Fesseln zu ersinnen, sondern vielmehr Freiheiten. Damit erwacht in mir ein Gefühl von Schönheit und Freiheit, das mir die Welt und die Dinge wieder mit einem neuen Glanz übergossen hat."

Und zwei Monate später bekannte er: „Ich merke, daß doch sehr viel mehr von mir an Ihnen hängt, als ich jemals dachte."

Sabina schrieb in ihrem Tagebuch: „Wir haben uns kennengelernt, wir haben uns lieb gewonnen, ohne zu merken, wie – die Flucht war zu spät ... Unsere Liebe ist auf dem Boden tiefen seelischen Verständnisses und gemeinsamer geistiger Interessen entstanden. ‚Diese intelligenten Augen', seufzte er manchmal, oder es kamen ihm Tränen, wenn ich ihm über irgend etwas, z.B. über die psychologische Musik von Wagner erzählte, denn genau so hatte er sich das gedacht, so empfunden, so geschrieben. Und ich war bereit, für ihn zu sterben, ihm meine Ehre zu schenken."

Jung schwärmte, angesteckt von seinem Analysanden und Lehrer Otto Groß und dessen Angriffen auf die „Tyrannei der Ehe", von paradiesischer Ungebundenheit und großartiger dionysischer Lusterfüllung. Aber seine Versuche, die Libertinage zu leben, scheiterten früh, wie Sabina beschreibt: „Er wollte freilich mich in sein Haus einführen, mich zur Freundin seiner Frau machen; wie begreiflich, konnte sich seine Frau auf die Geschichte nicht einlassen, so daß nolens volens ihr der größte Teil verheimlicht bleiben mußte."

Mit dieser Liebesgeschichte begann, was der Psychoanalytiker Johannes Cremerius in seinem Vorwort zum „Tagebuch" eine „furchtbare Geschichte" nennt. „Und zwar", so führt er aus, „insofern, als sie die Komplizenschaft der Männer gegen die Frau, die sich auf die Verführung eines Mannes eingelassen hat, demonstriert – demonstriert im Stil der viktorianischen Doppelmoral: als Jung aus der Beziehung aussteigen möchte, weil ein öffentlicher Skandal droht und er Karriere und Ehe retten will, verurteilen beide, Jung und Freud, Sabina Spielrein und appellieren an ihre Vernunft und Einsicht, daß sie vor Karriere und Ehe zurücktreten müsse. Das Buch erzählt auch von der Komplizenschaft zwischen zwei Ärzten, von denen einer (Jung) einen schweren Kunstfehler begangen hat und der andere (Freud), sein Lehrer, den Schüler gegen die Geschädigte deckt."

Als „klein, eher schlank und mehr oder weniger brünett" hat die Freud-Schülerin Helene Deutsch Sabina Spielrein beschrieben. Das einzige Foto der schon älteren Sabina im „Tagebuch" zeigt ein zartes Gesicht mit schönen, mandelförmigen Augen und einem empfindsamen Mund; ihre traurigen, vom Leiden geprägten Züge sind ebenmäßig, es mag ein hübsches, anziehendes Mädchengesicht gewesen sein. Mit der ganzen Wucht einer soghaften Übertragungsliebe beeindruckte sie den jungen Arzt, der sich unversehens im Bann einer leidenschaftlichen Verstrickung fand. Ein Jahr lang – vom Frühjahr 1908 bis 1909 – dauerte die ungewöhnliche Beziehung: stürmische Liebesaffäre, Fortsetzung der therapeutischen Behandlung und gemeinsame wissenschaftliche Arbeit.

Auf dem Höhepunkt dieser Liaison, so recht im Würgegriff seiner Leidenschaft, schrieb Jung an die Geliebte: „Ich bereute vieles und bereue meine Schwäche und verdamme das Schicksal, das mir droht. Ich fürchte für meine Arbeit, für mein Lebensziel ... Meine Stimmung ist zerrissen bis auf den Grund. Ich, der ich die Stärke vieler Schwachen sein sollte, bin der Schwächste. Werden Sie mir verzeihen, daß ich bin, wie ich bin?"

Sabina Spielrein mußte C. G. Jung viel verzeihen. Denn das Ende dieser für Sabina verhängnisvollen Affäre war so häßlich, wie sie in ihrer leidenschaftlichen Glut großartig gewesen war.

Emma Jung kamen Gerüchte über diese Beziehung, die in Analytikerkreisen die Runde machten, zu Ohren. Sie fürchtete – zu Recht oder Unrecht – um ihre Ehe und drohte durch Einbeziehung der Eltern des Mädchens einen Skandal heraufzubeschwören. Jung brach die Affäre ab und beschied Sabinas Mutter mit unübertrefflichem Zynismus, sie solle die Behandlung ihrer Tochter eben bezahlen, das hielte einen Arzt ja dann in den Schranken, und sein Honorar betrage 10 Franken pro Konsultation! Freud gegenüber leugnete er die Beziehung zunächst einmal ungeniert. Als das nicht mehr möglich war, weil Sabina inzwischen dem Patriarchen ihr Herz ausgeschüttet hatte, verlegte er sich aufs Lamentieren und ging gar so weit, ihr zu unterstellen, sie wolle ihn ruinieren, indem sie aller Welt von einer bevorstehenden Scheidung erzähle. Nahm er auch später einiges zurück – er bezichtigte seine Handlungsweise schließlich in einem Brief an Freud als „eine durch die Angst eingegebene Schufterei" –, so blieb er doch beharrlich bei seiner Version, er sei das Opfer der Verführungskünste seiner Patientin geworden – und nicht etwa seine Patientin das Opfer seines ärztlichen Unvermögens!

In Freud fand er volle Unterstützung. Dieser hatte von vornherein seine Einstellung klargemacht: „Solche Erfahrungen, wenngleich schmerzlich, sind notwendig und schwer zu ersparen. Erst dann kennt man das Leben und die Sache, die man in der Hand hat. Ich selbst bin zwar nicht ganz so hereingefallen, aber ich war einige Male sehr nahe daran und hatte a narrow escape ... Es schadet aber nichts. Es wächst einem die nötige harte Haut, man wird der Gegenübertragung Herr, in die man doch jedesmal versetzt wird, und lernt seine eigenen Affekte verschieben und zweckmäßig plazieren."

So schien auch an Freuds „harter Haut" abzuprallen, was die unglückliche Sabina ihm hilfesuchend schrieb:
„Sehr geehrter Herr Professor!

... Sie meinen, daß ich mich an Sie wende, damit Sie zwischen mir und Dr. Jung Frieden stiften? Ja wir hatten aber gar keinen Streit! Mein heißester Wunsch ist, daß ich mich liebend von ihm trenne ... Ich ... möchte mich vollkommen von

Dr. Jung trennen und meine selbständige Bahn einschlagen. Das kann ich aber nur, wenn ich so weit frei bin, daß ich ihn lieben kann; wenn ich ihm entweder alles verzeihe oder ihn ermorde ... Ich bin so weit entfernt davon, Herr Professor, Dr. Jung vor Ihnen anklagen zu wollen! Ganz im Gegenteil: ich wäre glücklich, wenn mir jemand zeigen könnte, daß er der Liebe wert ist, daß er doch kein Schurke ist."

Doch die Bastion der Männer war uneinnehmbar. Sie besprachen brieflich die „Angelegenheit" – und wie sie am besten aus der Welt zu schaffen sei – ganz locker miteinander. So rühmte Freud sich gar im nächsten Brief an Jung seiner Hinterhältigkeit der jungen Frau gegenüber: „Ich habe ... außerordentlich weise und scharfsinnig geantwortet ... und habe ihr eine würdigere, sozusagen endopsychische Erledigung der Sache nahegelegt. Ob's wirken wird, weiß ich nicht. Sie aber bitte ich, jetzt nicht zu stark in die Zerknirschung und Reaktion zu gehen ... Kleine Laboratoriumsexplosionen werden bei der Natur des Stoffes, mit dem wir arbeiten, nie zu vermeiden sein."

Dazu wiederum Jung, mit lässiger Dankbarkeit: „Ich möchte Ihnen zuallererst herzlich danken für Ihre freundliche Hilfe in der Spielrein-Angelegenheit, die sich ja jetzt so günstig erledigt hat. Ich habe wieder einmal zu schwarz gesehen. Fräulein Spielrein ist eine Russin, das klärt ihre Ungelenkigkeit auf."

Die „kleine Laboratoriumsexplosion", wie sie vom zynischen Blickwinkel des Patriarchen aus erschien, war für Sabina Spielrein die Tragödie eines menschenverachtenden Verrats, an dem sie viele Jahre qualvoll litt. Beide Männer mißbrauchten ihr Vertrauen, auch noch lange nach dem Eklat. Sie legte beiden ihre Arbeiten vor, und der Briefwechsel, den Jung und Freud darüber führten, beweist ein ums andere Mal moralische Defizienz. Vater Spielrein brachte die Angelegenheit, soweit sie Jung betraf, auf einen passenden Nenner, indem er – wie Sabina Freud berichtete – eine Ohrfeige, die Sabina ihrem feigen Liebhaber verabreicht hatte, der Mutter gegenüber mit den Worten kommentierte: „Man hat aus ihm einen Gott gemacht, und er ist nichts als ein gewöhnlicher Mensch. Ich bin so froh, daß Sabina ihm eine Ohrfeige gegeben! Ich würde es selbst getan haben. Laß sie nur tun, was sie für nötig hält; sie kann sich schon selbst helfen."

Der gefallene Gott sollte später die Erfahrung mit Sabina Spielrein zum Ausgangspunkt für seine Arbeit „Zur Psychologie der Übertragung" machen, die er 1946 veröffentlichte. Freud nahm die Spur viel früher auf, tatsächlich schon ein Jahr nach Jungs Geständnissen. Auf dem zweiten Internationalen Psychoanalytischen Kongreß in Nürnberg, 1910, sprach er des langen und breiten über die Probleme des Übertragungsphänomens: „Wir sind auf die ‚Gegenübertragung' aufmerksam geworden, die sich beim Arzt durch den Einfluß des Patienten auf das unbewußte Fühlen des Arztes einstellt, und sind nicht weit davon, die Forderung zu erheben, daß der Arzt diese Gegenübertragung in sich bewältigen müsse. Wir haben, seitdem eine größere Anzahl von Personen die Psychoanalyse üben und ihre Erfahrungen untereinander austauschen, bemerkt, daß jeder Psychoanalytiker nur so weit kommt, als seine eigenen Komplexe und inneren Widerstände es gestatten, und verlangen daher, daß er seine Tätigkeit mit einer Selbstanalyse beginne und diese, während er seine Erfahrungen an Kranken macht, fortlaufend vertiefe."

Freud und Jung äußerten sich in ihrer Korrespondenz über Sabinas Arbeiten mit schamlos überheblichem Wohlwollen – eine Haltung, die um so peinlicher wirkt, als beide später Sabinas Ideen in ihre eigenen Arbeiten einfließen ließen. So schrieb Jung an Freud über Sabinas Untersuchung „Die Destruktion als Ursache des Werdens": „Die Spielreinsche neue Arbeit will ich gern ins Jahrbuch 1912 nehmen. Sie wird allerdings noch viel Überarbeitung verlangen. Die Kleine verlangte stets sehr viel von mir."

Und in einem etwas späteren Brief, der einen geradezu frivolen Verriß der Arbeit enthielt, fügte er am Schluß jovial hinzu: „Ich bitte Sie, meine Kritik der kleinen Autorin nur in refracta dosi, wenn überhaupt, zukommen zu lassen."

Freud, dem die ständigen verbalen Verkleinerungen der (ehemals zur Supergeliebten vergrößerten) Sabina nicht aufzufallen schienen, antwortete nicht minder feige: „Die Spielrein, der ich von Ihrer Kritik nichts zu sagen froh war, hat sich vor einigen Tagen verabschiedet."

Der Ton änderte sich, als der Kronprinz Jung sich mit geradezu pubertär frechem und lautem Geschrei von seinem älteren Freund und Mentor lossagte. In dieser Auseinandersetzung der beiden ehemaligen Komplizen hatte Sabina den denkbar schlechtesten Platz inne – sie stand genau dazwischen. Schon vor dem Buch – 1911 – war sie von Zürich nach Wien geflüchtet, und Freud hatte sie in den Club der Mittwochs-Eingeweihten aufgenommen. Davon berichtete er Jung noch in dickster Männerfreundschaft: „Am selben Abend nahmen wir drei Mitglieder auf, Stärcke und Emden in Holland und – Fräulein Spielrein, die mir unerwartet ins Haus gefallen ist. Sie fand, daß ich nicht so bösartig aussehe, wie ich nach ihrer Vorstellung sollte."

Doch ein Jahr später, als Sabina schon in Berlin lebte, schrieb er ihr: „Mein persönliches Verhältnis zu Ihrem germanischen Heros ist definitiv in die Brüche gegangen. Sein Benehmen war zu schlecht. Es hat sich in meinem Urteil über ihn viel geändert, seitdem ich jenen ersten Brief von Ihnen erhielt."

Und er ging noch weiter, getrieben von seinem heftigen Ressentiment dem ungetreuen Freund und abgefallenen Jünger gegenüber: „Ich stelle mir vor, Sie lieben Dr. J. noch so stark, weil Sie den ihm gebührenden Haß nicht ans Licht gebracht haben. Anfangs schien es zu gehen, als ich in unserer ersten Korrespondenz Partei nehmen sollte. Ich freue mich wenigstens, daß ich für seine persönlichen Leistungen jetzt so wenig verantwortlich bin wie für seine wissenschaftlichen."

Beide Seelendoktoren ließen Sabina allein mit ihrem Kummer, den sie, wie ihr Tagebuch und ihre Briefe bezeugen, jahrelang nicht überwinden konnte. Und es bleibt der Eindruck bestehen, daß sie ihr in aller Arroganz Ideen klauten, ohne sich oder gar sonst jemandem darüber im geringsten Rechenschaft abzulegen; war sie doch nur „die Kleine", nur eine Frau, und

dazu auch noch eine ehemalige „Hysterika" im Kreis der hart-
häutigen gelehrten Männer.

Als sie ihre Arbeit über den Destruktionstrieb an Jung nach
Zürich schickte, schrieb er, inzwischen wieder ganz der überle-
gene Arzt und Lehrer: „Ich habe, Ihre Arbeit jetzt durchblät-
ternd, gefunden, daß unheimliche Parallelen zu meiner
eigenen neuen Arbeit darin vorkommen, was ich früher gar
nicht ahnte."

Sabina mußte verletzt sein von solcher Ahnungslosigkeit,
hatte sie ihm doch, als sie diese Arbeit plante, gründlich alle
ihre Vorstellungen vorgetragen. Sie wehrte sich, doch er wie-
gelte ab, alles sei ja nur als Kompliment gemeint gewesen, und
überhaupt: er schriebe ja ganz anders als sie: „Die Todesten-
denz respective der Todeswunsch war Ihnen früher klar wie
mir, verständlicherweise ... Ich drücke mich in meiner Arbeit
so ganz anders aus als Sie, daß niemand auf die Vermutung
kommen könnte, Sie hätten gewissermaßen bei mir gepumpt ... Vielleicht habe ich auch bei Ihnen gepumpt; sicher
habe ich unwillkürlich ein Stück Ihrer Seele aufgeschluckt, so
gut wie Sie bei mir. Worauf es ankommt, ist das, was einer daraus macht. Und Sie haben etwas Gutes daraus gemacht. Es
freut mich, daß sie mich in Wien vertreten."

Sabina wagte trotz solch kaum verhüllter Chuzpe nicht
allzu laut zu widersprechen, doch ihrem Tagebuch vertraute
sie an: „Noch viel wichtiger ist mir die zweite Arbeit über den
Todesinstinkt, und da muß ich gestehen, daß ich große Angst
habe, daß mein Freund diesen Gedanken, den er in seiner Arbeit im Juli erst andeuten wollte mit der Erwähnung, daß hier
die Priorität mir gehört – daß er sich von mir die Verarbeitung
des Gedankens pumpt, weil er die Ausdeutung bereits jetzt im
Januar machen will. Ist es wieder ein so unbegründetes Mißtrauen von mir? Ich möchte so heiß, es wäre so, denn die
zweite Arbeit wird ja ‚meinem hochverehrten Lehrer' etc. gewidmet. Wie könnte ich den Menschen verehren, der lügt, der
mir meine Gedanken stiehlt, der mir nicht Freund, sondern
kleinlich schlauer Rivale ist?"

Wenige Monate nach dieser Auseinandersetzung verheiratete sich die sechsundzwanzigjährige Sabina Spielrein sehr plötzlich mit dem russischen Arzt Pawel Scheftel, Jude wie sie selbst. Ein Jahr später gebar sie ihre Tochter Renata, doch die Ruhe, nach der sie sich sehnte, trat nicht ihr Leben ein. Die kleine Familie zog ruhelos herum, nach Berlin, München, Lausanne, Genf. Aus einem Brief, den Freud am 28. August 1913 – während ihrer Schwangerschaft – an sie schrieb, geht hervor, daß ihre junge Ehe sie nicht glücklich machte. Immer noch hing ihr Herz an Jung, und sie hat wohl angesichts des Kindes in ihrem Leib noch einmal ihre Träume vom kleinen „Siegfried", den sie ihm gebären wollte, hervorgeholt – worüber sich der Patriarch unverhohlen ärgerte und mit jüdischem Geschütz dagegenschoß: „Hoffentlich erspart Ihnen diese schlechte Zeit eine Analyse. Ich kann es gar nicht hören, wenn Sie noch von der alten Liebe und den verflossenen Idealen schwärmen, und rechne auf einen Bundesgenossen in dem großen, kleinen Unbekannten.

Selbst bin ich, wie Sie wissen, von jedem Rest von Vorliebe fürs Ariertum genesen und will annehmen, wenn es ein Junge wird, daß er sich zum strammen Zionisten entwickeln soll. Schwarz muß *er* oder *es* auf jeden Fall werden, kein Blondkopf mehr, lassen wir die Irrlichtereien fahren ...

Wir sind und bleiben Juden. Die anderen werden uns immer nur ausnützen und uns nie verstehen oder würdigen."

Und als die Tochter geboren war, begrüßte er ihre Existenz mit den Worten: „Es ist besser, daß es eine ‚Sie' ist. Da kann man sich den blonden Siegfried noch überlegen und bis zu seiner Zeit vielleicht ein Götzenbild zerschlagen haben."

Freud wollte nun gar nichts mehr wissen von der ehemaligen Kumpanei und versuchte ganz offen und mit allen Mitteln, Sabina aus dem feindlichen Lager und völlig auf seine Seite zu ziehen. 1914 schrieb er ihr unverblümt: „Ich bitte Sie, mich wissen zu lassen, ob Sie auf dem Kopf unserer Zeitschrift figurieren wollen ... Wir werden binnen kurzem alle Züricher Namen und ihre Adressen von dort entfernt haben. Es ist eine Parteinahme deutlichster Art, wenn Sie sich jetzt daraufsetzen lassen! Dabei sind Sie heute noch in Jung verliebt, können ihm nicht ordentlich gram sein, sehen in ihm noch den Helden, über den die Meute herfällt, schreiben mir in den Ausdrücken seiner Libidoauffassung ... Sie werden uns herzlich willkommen sein, wenn Sie bei uns bleiben, aber dann müssen Sie auch drüben den Feind erkennen."

Sabina bekannte sich zu Freud, aber wohl nicht ausdrücklich genug, denn ihr Name figurierte in der Folge keineswegs auf dem Titelblatt des Jahrbuchs. Immer noch versuchte sie zu intervenieren, aber mehr, als daß sie sich selbst peinvoll zwischen die Stühle setzte, konnte sie damit nicht erreichen. Ihre Antwort an Freud schrieb sie auf die Rückseite eines an sie gerichteten Briefes von Jung: „Ich habe J. trotz aller seiner Verirrungen gern und möchte ihn wieder den unsrigen zuführen. Sie, Herr Professor, und er wissen gar nicht, daß ihr beide viel inniger zusammengehört, als man es glauben könnte. Dieser fromme Wunsch ist doch kein Verrat an unserem Verein! Alle wissen es, daß ich mich zum Freudschen Verein zugehörend erklärte, und J. kann mir dieses nicht vergeben. Nichts zu machen!"

1920 fand Sabina Spielrein ein wenig Ruhe in Genf, wo sie ihre Wanderschaft für drei Jahre unterbrach. Ihr wichtigster Analysand in dieser Zeit war Jean Piaget, dem sie durch eine kurze Zeit der Analyse den Weg in die Psychoanalytische Gesellschaft bahnte. Piaget seinerseits erwähnt sie in seiner Autobiographie mit keinem Wort. In einem Interview über die Psychoanalyse sprach er zwar von einer kurzen „Lehranalyse bei einer direkten Schülerin Freuds", aber der Name erschien ihm offenbar so unwichtig, daß er es nicht für nötig hielt, ihn zu nennen. Er erzählte, daß er die Analyse abgebrochen habe, mit der Begründung: „ Alles, was ich erfahren habe, hat mich außerordentlich interessiert, es war phantastisch, alle meine Komplexe aufzudecken. Aber meine Analytikerin sagte mir, als sie bemerkte, daß ich der Theorie gegenüber unempfänglich war und sie mich niemals hätte überzeugen können, daß es keinen Sinn habe weiterzumachen ... Da ich ja keineswegs Psychoanalytiker werden wollte, sondern weil es lediglich um eine Frage der Propaganda – im besseren Sinn des Wortes –

ging, fand sie eben, daß es nicht der Mühe wert sei, jeden Tag eine Stunde Zeit mit einem Kerl zu vertun, der sich weigerte, die Theorie zu schlucken."

Tatsächlich war und blieb Sabina Spielrein eine Theoretikerin – und sie war die jüngste Theoretikerin der Psychoanalyse. Sie tat sich leichter mit dem Schreiben als mit der Arbeit mit Menschen. So vermochte sie auch als Analytikerin nicht recht Fuß zu fassen. Sie war ständig in Geldnöten – ihr Mann, der Arzt Scheftel, scheint auch nicht besonders erfolgreich gewesen zu sein. Daß sie mit der Übersetzung Jungscher Schriften Geld verdienen wollte, gefiel Freud nicht sehr, wenn er auch für ihre Nöte Verständnis äußerte. Über die Genfer Analytiker-Szene schrieb er ihr abfällig:

„Die Leute in Genf sind samt und sonders Dilettanten, auf die Sie langsam etwas von Ihrer analytischen Bildung übertragen müßten ... Dieselben Leute sind aber auch so exklusiv eifersüchtig auf ihre Unabhängigkeit und Belehrungen aus der Ferne unzugänglich, daß sie sich bisher nicht einmal der Psychoanalytischen Organisation angeschlossen haben ... Die Züricher sind eigentlich auch nicht viel anders, und wir können nichts dagegen tun, müssen warten, bis Mitglieder eintreten, die in unserem Sinne ausgebildet sind."

1923 entschloß sich Sabina Spielrein, in ihre russische Heimat zurückzukehren. Es gab dort schon einige Psychiater, die sich für Freuds Ideen interessierten, und einige seiner Schriften gab es bereits in russischer Übersetzung. Freud unterstützte Sabinas Absicht, hoffte er doch, daß sie der Psychoanalyse in der neugegründeten Sowjetunion mehr Auftrieb geben würde: „Ihre Absicht, nach Rußland zu gehen, scheint mir viel besser als mein Rat, es mit Berlin zu versuchen. In Moskau könnten Sie neben Wulff bei Ermakow Ausgezeichnetes leisten ... Und endlich sind Sie auf vaterländischem Boden. Es sind schwere Zeiten für uns alle."

Sie ließ zumindest eine einigermaßen aufgeräumte Lebensphase zurück, hatte sich vielleicht auch inzwischen von Jung gelöst. 1919, zehn Jahre nach der großen Liebe und dem großen Desaster, schrieb Jung an sie: „Die Liebe von S. zu J. hat in letzterem etwas bewußtgemacht, das er vorher nur undeutlich ahnte, nämlich eine schicksalsbestimmende Macht des Unbewußten, die ihn später zu den allerwichtigsten Dingen führte. Die Beziehung mußte ‚sublimiert‘ sein, weil sie sonst in die Verblendung und in die Verrücktheit geführt hätte (Konkretmachen des Unbewußten).

Bisweilen muß man unwürdig sein, um überhaupt leben zu können."

Sabina Spielrein begann recht erfolgreich mit ihrer Arbeit am Psychoanalytischen Institut in Moskau. Es folgten der Aufbau und die Leitung eines Kinderheimes und einer Kinderklinik mit psychotherapeutischer Ausrichtung – ein mittlerweile legendäres Experiment, denn es war wohl das erste psychoanalytische Kinderheim auf der ganzen Welt.

1925 gebar Sabina ihre zweite Tochter, Eva. 1926 kehrte sie in ihre Geburtsstadt Rostow am Don zurück. Ihr Leben bekam nun einen privateren Charakter, sie widmete sich ihren Kindern, wandte sich wieder der Musik zu und komponierte sogar, und es erschien nur noch eine größere Arbeit von ihr – „Kinderzeichnungen bei offenen und geschlossenen Augen" – im Jahr 1931 in der Zeitschrift „Imago".

1937 tauchte der Name Spielrein ein letztes Mal in der Liste der russischen Psychoanalytiker auf. Ab 1924, seit Stalin die Nachfolge Lenins angetreten hatte, mußte die Psychoanalyse in der Auseinandersetzung mit dem orthodoxen Marxismus immer mehr zurückstecken und wurde 1936 offiziell verboten. Das Ende der Psychoanalyse in der Sowjetunion wurde in der westlichen Psychoanalyse-Szene ebenso ignoriert wie das unglückliche Ende der jüdischen Analytikerin Sabina Spielrein.

Sabinas drei Brüder verschwanden 1937 spurlos und wurden wahrscheinlich hingerichtet. Ein Jahr später starben ihr Vater und ihr Ehemann. 1941 wurde Rostow von den Deutschen besetzt. Die letzte Spur von Sabina Spielrein verliert sich in einem Zug von Juden, der durch die Straßen von Rostow getrieben wurde. In einer Synagoge wurden sie von den Nazis erschossen – unter ihnen Sabina mit ihren beiden Töchtern.

Karen Horney (1885–1952)

Unter den Pionierinnen der Psychoanalyse ist Karen Horney, Jahrgang 1885, die einzige, die grundlegend Freudsche Konzepte folgenreich in Frage stellte. Die gescheite „höhere Tochter" aus dem Norden Deutschlands begegnete der Psychoanalyse während ihres Medizinstudiums in Berlin. Sie wurde dort Mitglied am Psychoanalytischen Institut, löste sich jedoch nach ihrer Emigration nach den USA von der Psychoanalytischen Vereinigung und gründete ein eigenes Institut. Sie war schon über fünfzig Jahre alt, als ihr erstes Buch erschien. Drei weitere folgten, und alle waren überaus erfolgreich, denn sie verstand es, in einer sehr verständlichen und anregenden Weise zu schreiben und ihre Ideen auch für den Laien nachvollziehbar darzustellen.

Karen Horneys wichtigste Einwände gegen die Freudschen Konzepte betrafen vor allem die Weiblichkeits-, Aggressions- und Kulturtheorien und führten schließlich zu einer umfassenden Revision der Psychoanalyse, womit sie einen bedeutenden Beitrag zur Entwicklung der Neoanalyse leistete – der heute leider noch immer nicht angemessen gewürdigt wird. Daß die Karen-Horney-Biographie des amerikanischen Analytikers Jack Rubins nicht wieder aufgelegt wurde, mag ein Zeichen für die mangelnde Würdigung dieser bedeutenden Analytikerin der ersten psychoanalytischen Generation sein. In neuerer Zeit beginnt ihre Arbeit hauptsächlich im Zusammenhang mit der Kritik an den „männlichen Psychologien" wieder zunehmendes Interesse zu finden.

Als eine „Pionierin der Wissenschaft von den menschlichen Beziehungen" bezeichnete der amerikanische Psychiater Ewen Cameron seine Kollegin Karen Horney, und neben Erich

Fromm ist sie ohne Zweifel die wichtigste Gestalt der Neopsychoanalyse. Zudem ist sie für die feministische Bewegung der siebziger Jahre von noch größerer Bedeutung gewesen als für die kleine Frauenbewegung im Berlin der Weimarer Zeit, als deren Vorkämpferin sie sich hervortat. Thomas Kiernan schreibt in seinem „Psychotherapie"-Führer über sie: „Karen Horney, die einzige Frau, die sich nicht nur gegen das Freudsche Grundprinzip auflehnte, sondern auch eine eigenständige Schule der Psychoanalyse gründete, findet heutzutage vor allem in der Bewegung zur Befreiung der Frau Beachtung, die in ihr gewissermaßen ein Symbol des Kampfes gegen die männlich ausgerichtete und von Männern beherrschte Bastion der Psychoanalyse sieht."

Karen Horneys durchgängiges Dissidententum zeichnete sich schon früh ab, indem sie, kaum im hehren Kreis der gerade einigermaßen etablierten Analytikergesellschaft aufgenommen, das von Freud und dem überwältigenden Teil seiner Schüler und Schülerinnen uneingeschränkt vertretene Konzept von der biologisch angelegten Minderwertigkeit der Frau als patriarchale Voreingenommenheit entlarvte. Karen Horneys Kollegin Ruth Moulton schreibt im „American Journal of Psychoanalysis" über die Situation der Frauen um Freud: „Offenbar hatte keine der frühen Analytikerinnen, die ihn in Wien umgaben, an seinen Theorien über die Frau etwas auszusetzen. Er war ein charmanter, charismatischer Mann, der im alltäglichen Leben Respekt für intelligente Frauen empfand und ihre Gesellschaft genoß, aber er hatte keinerlei Verständnis für weibliche Andersdenkende und war der Meinung, sie seien krank. Es schien ihm nicht bewußt zu sein, daß seine Theorien den Frauen eine völlig sekundäre, untergeordnete Rolle zuwiesen oder daß viele Frauen bereits gegen das Konzept rebellierten, daß ihre passiv-masochistische Position unvermeidlich sei." Ruth Moulton sah den Hauptgrund für Karen Horneys Rebellion gegen den Meister in ihrer räumlichen Entfernung von ihm: „Karen Horney hatte eine weniger starke persönliche Bindung an Freud als die Frauen, die eng mit ihm zusammenarbeiteten ... Alle diese Frauen schrieben mit weitgehender Anlehnung an Freuds Theorien über die Frau und entsprachen so seiner These, daß es Sache der Frauen sei, ihre eigenen Geheimnisse zu lösen. Doch keine davon brach mit Freud, und ihre Differenzen mit ihm wurden sorgfältig in orthodoxer Terminologie versteckt. Offenbar hatten diejenigen, die sich im Bannkreis seines starken Charismas befanden, Schwierigkeiten, sich seinem Einfluß zu entziehen. Karen Horney äußerte ihre Meinungsverschiedenheit mit Freud bei weitem deutlicher, wenngleich sie weiterhin Freudsche Termini benützte, bis sie 1932 nach Amerika ging."

Doch gab es auch andere Frauen, die sich nicht im unmittelbaren Bannkreis Freuds befanden und dennoch Freudsches Denken nachbeteten, allen voran Helene Deutsch, die – päpstlicher als der Papst – Freuds Vorstellungen über die sekundäre weibliche Qualität bis in ein schon ans Absurde grenzendes Extrem trieb.

Es mag nicht zuletzt Karen Horneys spezielle Vaterbeziehung gewesen sein, die ihre abgrenzende Haltung Freud gegenüber möglich machte. Denn in dieser Familie lag die Rolle des wachen, neugierigen, mutigen Geistes bei der Mutter, während der Vater, ein wortkarger, unzugänglicher Mann und eifriger protestantischer Bibelleser, eine eher schwerfällige, konservative Geisteshaltung verkörperte.

Karen Horney wurde 1885 in einer gutsituierten Familie in Hamburg geboren. Ihre Mutter, Clothilde Marie van Ronzelen, Tochter eines ursprünglich holländischen Architekten, war siebzehn Jahre jünger als ihr Vater, der aus einer früheren Ehe schon vier erwachsene Kinder hatte. Der Vater, Berndt Wackels, war Norweger, der die deutsche Staatsbürgerschaft erwarb und Kommandant der Norddeutschen Lloyd-Schiffsgesellschaft wurde. Er war ein konservativ denkender, starrer Mann, wortkarg und sparsam mit Gefühlsäußerungen. Obwohl der Kapitän seine junge Tochter gelegentlich auf seine Seereisen mitnahm, blieb ihre Beziehung zueinander kühl. Sein Beruf brachte es mit sich, daß er oft lange Zeit nicht zu Hause war, und wenn er da war, versuchte er wohl recht ungeschickt, mit Strenge und autoritärem Gehabe den leeren Platz zu füllen.

Als die kleine Karen, eine intelligente und dynamische Persönlichkeit wie ihre Mutter, den Wunsch äußerte, das katholische Gymnasium zu besuchen, um später Medizin zu studieren, verdankte sie es dem engagierten Einsatz ihrer Mutter und ihres älteren Bruders, daß ihr Wille gegen den heftigen väterlichen Widerstand durchgesetzt wurde.

Da Karen Horney äußerst zurückhaltend mit Mitteilungen über sich selbst gewesen ist, kann man aus den spärlichen Angaben, die sie über ihr privates Leben gemacht hat, nur Vermutungen über die tatsächliche Art ihrer Beziehung zu ihrem Vater anstellen. Als junger Teenager hatte sie eine kurze Phase von religiöser Leidenschaft, möglicherweise ein unbewußter Versuch, auf diese Weise die Zuwendung des religiös sehr gebundenen Vaters zu provozieren. Daß die Eltern, vor allem der Vater, den Bruder ihr vorzogen – oder sie dies zumindest so empfand –, mag noch ein zusätzliches Stimulans gewesen sein. Aber offenbar erreichte sie das erwünschte Ziel nicht und nahm bald wieder Abstand von der Religion.

Die wenigen veröffentlichten Fotos von Karen Horney zeigen ein offenes, kluges Gesicht einer in ihrer Jugend offensichtlich recht hübschen Frau – obwohl sie sich stets als häßliches Entlein fühlte, wie sie später einmal erzählte. Die Willenskraft, die sich in ihrem Gesicht ausdrückt, läßt auf einen kämpferischen Geist schließen, der jedoch, wie aus den Äußerungen ihrer amerikanischen Mitarbeiter hervorgeht, ihre Freundlichkeit und ihren Sinn für Humor nicht beeinträchtigte.

In der Ausgabe des New Yorker Periodikums „Current Biography" von 1941 findet sich eine biographische Notiz, in der die ältere Karen Horney anschaulich beschrieben ist: „Dr. Horney ist mittelgroß und hat hellbraune, weit auseinanderstehende Augen. Die ausgeprägten Wangenknochen verleihen ihr ein markantes Aussehen. Ihr Haar ist weiß, ihre Stirn hoch und gerundet. Die Bemerkung eines Studenten: ‚Sie lächelt mit ihrem ganzen Gesicht' ist bezeichnend und macht ihren persönlichen Charme deutlich. Am Lehrpult ist sie äußerst informell, und ihre positive, entgegenkommende Haltung läßt auf eine ungewöhnlich ausgeglichene Persönlichkeit schließen."

Über ihre Studienzeit in Berlin berichtet Harold Kelman, dem sie als einem ihrer engsten amerikanischen Mitarbeiter ein wenig Einblick in ihre Biographie gewährt hat: „Obwohl die feministische Bewegung in Deutschland am Ende des neunzehnten Jahrhunderts einige der Barrieren gegen das Frauenstudium niedergerissen hatte, war es immer noch ungewöhnlich, daß Frauen Ärzte wurden. Karen Horney tat dies mit der Unterstützung ihrer Mutter ... Ich kann mich nicht erinnern, daß sie erzählte, weshalb sie sich dafür entschied, Ärztin und im besonderen Psychoanalytikerin zu werden; auch sagte sie nichts davon, daß sie während ihres Studiums irgendwelche Diskriminierung erfuhr, weil sie eine Frau war. Im allgemeinen war sie die Erste in ihrer Klasse, was ihr wohl den Respekt ihrer Professoren eingebracht hat. Ihre Fähigkeiten wie auch ihre Persönlichkeit mögen ihre Lehrer wie ihre Kommilitonen für sie eingenommen haben."

Im Jahr 1909, zwei Jahre vor Beendigung ihres Studiums und gerade vierundzwanzig Jahre alt, heiratete sie den Berliner Rechtsanwalt Oscar Horney; zwei Jahre später gebar sie ihre erste Tochter, Brigitte, die später eine berühmte Schauspielerin werden sollte. Daß Karens Mutter bei dem jungen Ehepaar wohnte, war emotionale Strapaze und funktionale Entlastung zugleich. Wahrscheinlich hatte die junge, ehrgeizige Frau es sich einfacher vorgestellt, Ehe, Mutterschaft und berufliches Engagement miteinander zu verbinden, als es dann tatsächlich war. Eine Bemerkung in einem Aufsatz von 1934 läßt die Schwierigkeiten ahnen, mit denen sie sich herumschlagen mußte: „Jede Frau, die eine eigene Karriere wagt, ist Konflikten ausgesetzt, wenn sie nicht gewillt ist, dieses Wagnis auf Kosten ihrer Weiblichkeit einzugehen."

Bewußt war sie nicht gewillt, unbewußt paßte sie sich dennoch an, und ihre Karriere ging trotz Ehe und Kindern – sie bekam recht kurz nacheinander drei Töchter – gut voran. 1915 bis 1918 war sie fest angestellte Ärztin am Berliner Psychiatrischen Krankenhaus, danach arbeitete sie ein Jahr lang an der Neurologischen Klinik.

Schon während des Medizinstudiums war Karens Interesse für die Psychoanalyse erwacht, und nach ihrer Approbation spezialisierte sie sich auf das Fach Psychiatrie. 1911, als sie unter der Anspannung durch ihre Lebenssituation allzusehr zu leiden begann, begann sie mit einer Charakteranalyse bei Karl Abraham, dem engsten und loyalsten der Freud-Schüler. Die zwei Analysejahre bei Abraham waren nicht einfach für sie. Allzusehr mochte sie der als autoritär bekannte Analytiker an ihren Vater erinnern, und seine uneingeschränkt linientreue Haltung dem Patriarchen Freud gegenüber war vermutlich dazu angetan, ihren Geist der Rebellion eher anzustacheln als zu dämpfen.

Die frühen Erfahrungen von Karens Töchtern wurden geprägt von den Entbehrungen, die der Krieg mit sich brachte, von Mutters berufsbedingter Abwesenheit und vom Streit mit wechselnden Kindermädchen. Doch Karen war durchaus präsent, weniger zeitlich, als in der Intensität ihrer Beobachtung. 1912 legte sie Abraham und dem kleinen inoffiziellen Kreis von Analytikern um ihn einen Bericht vor, den sie über den Umgang mit kleinen Kindern verfaßt hatte, und Abraham schrieb voll des Lobes an Freud: „Der Aufsatz zeigte ein wirkliches Verständnis des Materials, unglücklicherweise eine Ausnahme unter den Aufsätzen unseres Kreises."

Kelman berichtet, daß Karen Horney stets eine leidenschaftliche Liebe zum Theater hatte. Damit war sie in Berlin am richtigen Ort; es war die Zeit einer Renaissance der Künste in Berlin: Namen wie George Grosz, Bertolt Brecht, Max Reinhardt gaben der Szene ihren Glanz. Die Horneys suchten sich ihre Freunde vor allem beim Theater und in der literarischen Welt.

Der Freundeskreis erweiterte sich zusehends, als Karen 1920 in das Berliner Psychoanalytische Institut eintrat, das gerade gegründet worden war, und dort – neben Abraham – mit so kreativen Köpfen wie Otto Fenichel, Otto Rank, Theodor Reik, Franz Alexander, Wilhelm Reich und Erich Fromm zusammentraf, die ihre psychoanalytischen Vorstellungen nachhaltig beeinflussen sollten. Die Psychoanalyse war damals zwar noch weitgehend eine Domäne der Männer, doch hatte sich Freud schon 1910 – gegen die Haltung einiger seiner Schüler – nachdrücklich dafür ausgesprochen, daß Frauen in die Psychoanalytische Gesellschaft aufgenommen werden sollten. Das erste weibliche Mitglied, Dr. Margarete Hilferding, wurde im April 1910 mit 12 gegen 2 Stimmen gewählt. Freud argumentierte, daß Frauen in der Übertragung besser als Mutterersatz dienen könnten als Männer. Der Freud-Biograph Peter Gay kommentiert diesen Ausspruch kritisch: „Freud räumte damit ein, daß Frauen in bedeutsamen Aspekten der analytischen Praxis kompetenter sein könnten als Männer. Das war ein gewichtiges Kompliment, das jedoch eine gewisse Spitze enthielt: eine bemerkenswerte Konzession für einen Mann, der bekannt war für seine unbeugsamen antifeministischen Vorurteile, und zugleich ein subtiler Ausdruck eben dieser Vorurteile. Die Analytikerin, sagte Freud mit anderen Worten, habe den besten Erfolg, wenn sie die Arbeit verrichtet, für die sie die Biologie bestimmt hat – die der Mutter."

Doch trotz seiner abwertenden Theorien hat Freud den Frauen gegenüber immer eine kavalierhafte Haltung eingenommen und ihnen auf diese Weise in der Psychoanalyse den Weg geebnet. So fand Karen Horney offenherzige Aufnahme in der – vorwiegend männlichen – Berliner Analytiker-Szene, über die Peter Gay berichtet: „Psychoanalytiker und Ausbildungskandidaten redeten, debattierten und stritten sich auf Versammlungen, in Konditoreien und sogar auf Parties. Torten genießen und die Nacht durchtanzen waren nicht unvereinbar mit ernsten Gesprächen über ödipale Bindungen und Kastrationsängste. Der Psychoanalytiker Rudolf Löwenstein, der von Hanns Sachs analysiert wurde, fand das Berliner Institut ‚kalt, sehr deutsch'. Aber auch er gab zu, daß es einige gute Techniker und begeisternde Lehrer vorzuweisen hatte. Für einen Analytiker war Berlin in den zwanziger Jahren der ideale Ort."

Karen Horneys erste Veröffentlichung – sie war damals gerade 32 Jahre alt, und Freuds wichtige Arbeit „Das Ich und das Es" war noch nicht geschrieben – erschien 1917 unter dem Titel „Die Technik der psychoanalytischen Therapie" in der „Zeitschrift für Sozialwissenschaften". Eine zentrale Bemerkung darin zeigt schon Karen Horneys rebellischen Ansatz, die mechanistischen Vorstellungen Freuds durch eine viel dynamischere Sicht zu ersetzen: „Die Analyse … kann eine Person befreien, deren Hände und Füße gebunden sind, so daß sie wieder frei ihre Kraft gebrauchen kann, aber sie kann ihr keine neuen Arme und Beine geben. Es hat sich jedoch gezeigt, daß viele Faktoren, von denen sie annahm, daß sie konstitutionell seien, nur Folgen von Wachstumsblockaden sind, die sich auflösen lassen."

Karl Abrahams früher Tod 1926 war, wenngleich schmerzlich, für die Berliner Gruppe eine Befreiung von seiner autoritären Führung. Karen hatte ihren großen Schritt der Emanzipation von Abraham bereits unternommen, indem sie 1921 bei Hanns Sachs, der von Wien nach Berlin übergesiedelt war, ihre Analyse fortsetzte. Möglicherweise wählte sie Sachs, weil er von den sieben Freud-Jüngern des geheimen inneren Kreises die am wenigsten intime Beziehung zu Freud hatte.

Es ist auffallend, daß viele Mitglieder des Berliner Psychoanalytischen Instituts später eigene wissenschaftliche Wege gingen: neben Karen Horney zum Beispiel auch Erich Fromm, Theodor Reik und Wilhelm Reich. Ruth Moulton beleuchtet diese frühe Phase in Berlin: „Nicht nur fehlte hier die überwältigende Gegenwart eines Freud, sondern die Atmosphäre in der Gruppe spiegelte auch das liberale und aufregende Jahrzehnt der Weimarer Republik. Neben den Bauhaus-Künstlern gab es eine neue sexuelle Freiheit, einschließlich der offenen Anerkennung der Homosexualität … Die Wiener Schule hatte aufgrund ihrer Loyalität zu Freud bei weitem weniger Freiheit, einen eigenen Kurs einzuschlagen …"

Nach dem Krieg flammte die Frauenbewegung in Berlin noch einmal kurz auf, bevor sie von den Nazis für lange Zeit zerschlagen wurde. Karen Horney wurde durch ihre Vorlesungen an der Humboldt-Universität eine regionale Kultfigur der

Jugendbewegung, obwohl sie sich, wie auch in ihrem späteren Leben, nie politisch engagierte und sich keineswegs als Feministin betrachtete. Aber sie war es, die als erste von einer „weiblichen Psychologie als Ganzes" sprach!

Ein bedeutender Faktor, der Karen Horneys Einstellung zur weiblichen Psychologie bestimmte, wird selten genannt: sie war Mutter dreier Töchter. Ruth Moulton schreibt dazu: „Dies gab ihr die Möglichkeit, kleine Mädchen in privatesten Momenten zu beobachten, ihr ... Interesse an ihrem Körper zu sehen und direkte Beobachtungen an normalen weiblichen Babies zu machen – etwas, das Freud wahrscheinlich niemals tat."

Als ihre Position im Institut genügend gesichert erschien, stellte sich Karen Horney offen gegen Freuds Penisneid-Theorie. Peter Gay berichtet: „Im Jahre 1922 stand Karen Horney auf dem Internationalen Psychoanalytischen Kongreß in Berlin, bei dem Freud den Vorsitz führte, mutig auf und schlug eine revidierte Version des Penisneids vor ... Aus der Freudschen Perspektive gesehen, die diese Kongresse beherrschte, verhielt sich Horney so korrekt wie nur möglich ... Sie spekulierte nur ein wenig trocken: Vielleicht sei es ‚männlicher Narzißmus', der Psychoanalytiker dazu gebracht habe, die Anschauung zu akzeptieren, daß die Frauen, schließlich die Hälfte der menschlichen Rasse, mit dem Geschlecht unzufrieden seien, das die Natur ihnen zugeteilt hat. Es sähe so aus, als hielten männliche Analytiker diese Ansicht für zu selbstverständlich, um einer Erklärung zu bedürfen. Doch was immer die Gründe waren, die Schlußfolgerungen, die Psychoanalytiker über die Frauen gezogen hätten, erklärte Horney, seien entschieden unbefriedigend, nicht nur für den weiblichen Narzißmus, sondern auch für die biologische Wissenschaft."

Freud, der die Frau als „einen dunklen Kontinent" bezeichnet hatte, ließ sich durch Karen Horneys Argumente nicht beeindrucken, weder zu diesem Zeitpunkt noch später. Auch Ernest Jones, der die Horneyschen Ideen nachdrücklich verteidigte, vermochte den Patriarchen nicht umzustimmen. Peter Gay merkt zu Freuds Haltung kritisch an: „Sein fester Ton, der viele beleidigte, seine Annahme, er sei weit davon entfernt, tendenziös zu sein, und seine unhöflichen Angriffe gegen die Feministen erwiesen ihm keinen guten Dienst. Sie verdunkelten die Frische seiner Gedanken und den provisorischen Charakter seiner Schlußfolgerungen."

1924 veröffentlichte Karen Horney in der „Internationalen Zeitschrift für Psychoanalyse" einen noch recht zurückhaltend formulierten, aber dennoch deutlich abweichenden Artikel mit dem Titel „Zur Genese des weiblichen Kastrationskomplexes". Hier spricht sie immerhin schon von einer „Symmetrie" der weiblichen und der männlichen Neurose: „Der männliche Neurotiker, der sich mit der Mutter identifiziert, und der weibliche, der sich mit dem Vater identifiziert, lehnen beide in gleicher Weise die ihnen zukommende Geschlechtsrolle ab."

Zwei Jahre später hatte sie ihre Thesen so weit ausgearbeitet, daß ihre völlige Abkehrung von der Freudschen Auffassung unübersehbar wurde: „Freud weist uns in einigen seiner letzten Arbeiten mit wachsender Dringlichkeit auf eine Einseitigkeit in der Richtung der analytischen Forschungen hin, die darin besteht, daß bis vor nicht allzu langer Zeit nur die Psyche des Knaben und des Mannes zum Objekt der Untersuchungen gemacht wurde."

Sie erklärte die Psychoanalyse als Schöpfung eines „männlichen Genies", dessen Anhänger, die seine Ideen weiterbildeten, ebenfalls Männer waren, und diese verstanden natürlich von der Entwicklung des Mannes mehr als von der Entwicklung der Frau. „Es hat sich in der Wissenschaft oft als fruchtbar erwiesen", schrieb sie mit hinterhältiger Sachlichkeit, „wenn man altbekannte Tatsachen von einem neuen Gesichtspunkt aus betrachtet. Denn es besteht sonst die Gefahr, daß man unwillkürlich alle neuen Beobachtungen immer wieder demselben festumrissenen Vorstellungskreis einordnet."

Da unsere ganze Kultur eine männliche Kultur ist, sagte sie, und Staat, Gesetze, Moral, Religion und Wissenschaften Schöpfungen des Mannes sind, wurde auch die Psychologie der Frau bisher nur vom männlichen Standpunkt aus gesehen.

Was einer grundlegenden Veränderung bis heute im Wege steht, formulierte Karen Horney schon 1926, ist die Krux, „daß die Frau sich den männlichen Wünschen anpaßte und ihre Anpassung als eigenes Wesen empfand, d.h. sich selbst auch so sah oder sieht, wie der männliche Wille es von ihr verlangte; also unbewußt sich der Suggestion des männlichen Denkens fügte."

Wiederum zwei Jahre später, 1928, schrieb Freud an Ernest Jones: „Alles, was wir von der weiblichen Frühentwicklung wissen, kommt mir unbefriedigend und unsicher vor."

Immer wieder finden sich bei Freud Aussprüche, die seine Unsicherheit über die weibliche Psychologie zum Ausdruck bringen – nicht nur in seiner persönlichen Korrespondenz, sondern auch in Form öffentlicher Dementis. Etwa wenn er in „Die Weiblichkeit" schrieb, alles, was er über dieses Thema wisse, sei „gewiß unvollständig und fragmentarisch", und den Leser, der mehr wissen wolle, beschied er: „... befragen Sie Ihre eigenen Lebenserfahrungen oder wenden Sie sich an die Dichter, oder Sie warten, bis die Wissenschaft Ihnen tiefere und besser zusammenhängende Auskünfte geben kann."

Und selbst in seinem letzten Buch, „Abriß der Psychoanalyse", das er 1938 schrieb, holte er noch zu einer letzten verbalen Ohrfeige aus, die unschwer als gegen Karen Horney gerichtet erkennbar ist: „So wird man sich nicht zu sehr verwundern, wenn eine Analytikerin, die von der Intensität ihres Penisneids nicht genug überzeugt worden ist, dies Moment auch bei ihren Patienten nicht gehörig würdigt."

Daß Freud Karen Horney so konsequent ignorierte, rührte wohl daher, daß er Frauen nur dann anzuerkennen vermochte, wenn sie seinen Theorien treu blieben. Es ist durchaus möglich, daß er sich vor der aufmüpfigen, beeindruckenden jungen Frau fürchtete. Marie Bonaparte machte ihm gegenüber einmal die Bemerkung: „Der Mann hat Angst vor der Frau", und Freud antwortete darauf: „Er hat recht!"

1930 hielt Karen Horney in Dresden ihren aufsehenerregenden Vortrag „Das Mißtrauen zwischen den Geschlechtern", der an Aktualität bis heute nichts eingebüßt hat. Es zeigen sich darin, wie schon in „Flucht aus der Weiblichkeit" die sprachliche Kraft und ihr sehr persönlicher, berührender Stil, die ihren späteren Büchern so viel Popularität einbrachten. Darin heißt es zum Beispiel: „Jenem vielgestaltigen Etwas, das wir *Liebe* nennen, gelingt es, Brücken zu schlagen von der Einsamkeit hüben zu der Einsamkeit drüben, und diese Brücken können von unerhörter Schönheit sein, aber sie sind selten sehr dauerhaft und vertragen meist eine größere Belastung nicht, ohne zu zerbrechen. Immerhin bietet die Bindung zwischen den Geschlechtern uns doch wohl die größten Glücksmöglichkeiten, und wir wünschen daher natürlicherweise zu übersehen, wieviel Haß, Angst, Mißtrauen unsichtbar über ihr stehen und sich oft in ihr Gewand verkleiden, wenn wir unter dem Zeichen der Liebe einen anderen zu Tode quälen."

Den Beitrag der Psychoanalyse sah Karen Horney schon früh in einem viel weniger verabsolutierten Licht als viele ihrer Kollegen und Kolleginnen. „In dem großen Kampf um die Macht kann sie" – die Psychoanalyse – „eine wichtige Funktion erfüllen", erklärte sie zurückhaltend, „indem sie die eigentlichen Motive dieses Kampfes aufdeckt, sie freilich damit nicht aus der Welt schafft, aber doch vielleicht eher Möglichkeiten erschließt, ihn auf seinem eigentlichen Gebiet auszukämpfen, anstatt immer wieder auf Vorposten zu verschieben, um die es eigentlich gar nicht geht."

Horneys Veröffentlichungen in den Jahren vor ihrer Emigration, d. h. 1930 bis 32, befaßten sich fast ausschließlich mit der Psychologie der Frau: „Die prämenstruellen Verstimmungen", „Zur Problematik der Ehe", „Die Angst vor der Frau", „Die Verleugnung der Vagina" waren die Titel ihrer Aufsätze. Sie stand nicht ganz allein mit ihrer von Freud abweichenden Haltung. So unkritischen Anhängerinnen wie Helene Deutsch oder Marie Bonaparte standen Frauen wie Ruth Mack Brunswick und vor allem Clara Thompson gegenüber, die sich zumindest teilweise von Freuds Sexualtheorien distanzierten. Freud jedoch blieb unbeirrt bei seinen gesellschaftlich sanktionierten Vorurteilen und schrieb noch 1933: „Daß man dem Weib wenig Sinn für Gerechtigkeit zuerkennen muß, hängt wohl mit dem Überwiegen des Neids in ihrem Seelenleben zusammen … Wir sagen auch von den Frauen aus, daß ihre sozialen Interessen schwächer und ihre Fähigkeit zur Triebsublimierung geringer sind als die der Männer."

Doch schon 1926 hatte Karen Horney solche Behauptungen in ihrer Schrift „Flucht aus der Weiblichkeit", in der bereits das grundlegende Gerüst ihrer neuen Theorie sichtbar wurde, gekontert: „Biologisch betrachtet verschafft … die Mutterschaft, beziehungsweise die Fähigkeit zu ihr, der Frau eine ganz unbestreitbare und nicht geringe physiologische Überlegenheit. Das spiegelt sich auch aufs deutlichste im Unbewußten der männlichen Psyche wider, in dem intensiven Mutterschaftsneid des Knaben. Er ist uns als solcher allgemein bekannt, dürfte aber als dynamischer Faktor kaum genügend gewürdigt worden sein. Wenn man, wie ich, erst nach einer schon ziemlich langen Erfahrung an weiblichen Analysen begonnen hat, männliche Analysen zu machen, erhält man einen völlig überraschenden Eindruck von der Intensität dieses Neides auf Schwangerschaft, Gebären und Mutterschaft sowie auf die Brüste und das Stillen."

Trotz ihrer wesensmäßigen Zurückhaltung konnte Karen es sich nicht versagen, ihre Kollegin Helene Deutsch aufs Korn zu nehmen, die behauptet hatte, daß der Männlichkeitskomplex der Frau eine viel dominierendere Rolle spiele als der Weiblichkeitskomplex des Mannes. Die Dame scheine, so merkte sie spitz an, wohl zu übersehen, „daß der männliche Neid offenbar erfolgreicher sublimiert wird als der Penisneid des Mädchens und sicher einen, wenn nicht den wesentlichen Impuls zur Schaffung kultureller Werte abgibt."

Mit welch abstrusen Argumenten von männlicher Seite sie sich auseinandersetzen mußte, zeigt ihr Hinweis auf eine Arbeit ihres Kollegen Sandor Ferenczi, einem hochgeschätzten Schüler Freuds, der 1924 seinen „Versuch einer Genitaltheorie" veröffentlichte: „Er meint, daß der wesentliche Antrieb zum Koitus, sein eigentlicher letzter Sinn für beide Geschlechter in dem Verlangen liege, wieder in den Mutterleib zurückzukehren. Der Mann habe in einer Kampfphase sich das

Vorrecht geschaffen, in Gestalt seines Gliedes wirklich wieder in einen Mutterleib einzudringen."

Ferenczis Schluß, die Frau sei von der Natur lediglich mit „Trosteinrichtungen" wie den „phantasiemäßigen Ersatzprodukten und insbesondere mit dem Beherbergen des Kindes, dessen Glück sie mitgenieße", bedacht worden, hielt sie empört ihre eigenen Erfahrungen der Mutterschaft entgegen: „das selige Bewußtsein, ein neues Leben in sich zu tragen", und „das unerhörte Glück in der sich steigernden Erwartungsspannung auf das Erscheinen dieses neuen Wesens"; „die tiefe, lustvolle Befriedigung beim Stillen und das Glück der ganzen Säuglingspflege".

Die patriarchale Entwertung der Frau war damals Horneys wiederkehrendes Thema, und ihre Ausführungen beeindrukken sowohl durch ihre Schärfe als auch durch ihren hintergründigen Witz: „(Es) liegt die Frage nahe, ob nicht in der oben beschriebenen Bewertung der Mutterschaft eine unbewußte männliche Entwertungstendenz ihren Weg über das Intellektuelle genommen hat? Eine Entwertung, die besagen würde: eigentlich wünscht sich die Frau ja doch nur einen Penis; die Mutterschaft ist doch schließlich nur eine Bürde, die den Kampf ums Dasein erschwert; und der Mann kann froh sein, daß er sie nicht zu tragen braucht."

Sie stellte zumindest die Frage, ob die größere kulturelle Produktivität des Mannes, sein größerer Antrieb zur schöpferischen Gestaltung vielleicht daher rühre, daß „die Empfindung seiner relativ geringen Rolle bei der Schaffung lebendigen Lebens ihn beständig zu einer überkompensierenden Leistung drängt?"

Es war zunächst das Thema Weiblichkeit, an dem sich Karen Horneys Kritik an Freud entzündete, doch dabei blieb es nicht. Hatte der Patriarch in diesem einen Fall unrecht, so mochten auch Zweifel an seinen übrigen Konzepten angemessen sein. Habe man sich erst einmal in das Netz seiner Konzepte verstrickt, so schrieb sie später, sei es kaum mehr möglich gewesen, Beobachtungen zu machen, die nicht von seinem Denken beeinflußt waren. Es war nicht leicht für sie, so zwischen den

Stühlen – einerseits ihrer Unsicherheit in Anbetracht ihres Mangels an Erfahrung und andererseits ihres unbeirrbar bohrenden kritischen Verstandes – einen erträglichen Platz zu finden. 1939 schrieb sie über diese Anfangsphase: „Ich hatte meine ersten akuten Zweifel an der Gültigkeit psychoanalytischer Theorien, als ich Freuds Auffassung über die weibliche Psychologie kennenlernte, Zweifel, die dann bestärkt wurden durch seine Theorie vom Todestrieb ... Der Widerstand, den viele Psychiater und auch Laien der orthodoxen Psychoanalyse entgegenbringen, ist nicht nur, wie man annimmt, gefühlsmäßiger Art, sondern entspringt auch dem strittigen Charakter mancher Theorien."

Es war der Höhepunkt der Großen Depression in Berlin, als Karen Horney 1932 von Franz Alexander eingeladen wurde, nach Amerika zu emigrieren. 1926 hatte sie sich von ihrem Mann getrennt und war mit ihren drei Teenager-Töchtern in eine kleine Wohnung umgezogen. Sie mußte nun allein für die Kinder sorgen, und das Geld war knapp. Sie fand ihren Ausgleich für die persönlichen Schwierigkeiten in einer eifrigen Tätigkeit in ihrer psychoanalytischen Praxis, und ihre Kurse und Seminare waren überaus beliebt. Einer ihrer Studenten, der spätere Analytiker Gustav Gruber, sagte über sie: „Sie sprach in einer ausgeglichenen Stimme, nicht mit Anstrengung ... aber immer interessant; es berührte einen. Wir pflegten nach dem Unterricht dazubleiben und lange Diskussionen zu führen über die Psychologie der Frau oder den Zerstörungstrieb, über den Freud gerade schrieb."

Obwohl sie im Berliner Institut nach wie vor aktiv war, trat sie nicht sonderlich auffallend in Erscheinung. Es war ihr wohl klar, daß sie ihre Rebellion nicht allzu sichtbar werden lassen durfte. Biograph Jack Rubins stieß auf ein aufschlußreiches Detail: „Ihre Tochter erinnert sich, daß um diese Zeit das große Bild von Freud, das an Karens Wand gehangen hatte, abgenommen wurde und verschwand, wofür Karen jedoch keine Erklärung gab."

Karen Horney stilisierte ihren Widerstand leise, in einem eher privaten Rahmen, indem sie einfach so arbeitete und lehrte, wie sie es für gut befand, ohne in der Psychoanalytischen Gesellschaft Bestätigung dafür einholen zu müssen. Fritz Perls, der spätere „Gestalt"-Papst, der viele berühmte Analytiker „ausprobiert" und zum Teil hart abgeurteilt hat, sagte zum Beispiel über seine Analyse bei Karen Horney, er habe von ihr „menschliche Teilnahme ohne Terminologie" erfahren.

Die politische Situation in Deutschland scheint Karen Horney wundersam wenig berührt zu haben. Die Nazis zogen ins Parlament ein, Sturmtruppen rüpelten Tag und Nacht durch Berlin; der für 1930 geplante Kongreß der Psychoanalytischen Vereinigung mußte abgesagt werden. Doch im Berliner Analytiker-Kreis ging das Leben und Denken fast wie in einem Elfenbeinturm weiter. Und Karen war eine gesuchte Analytikerin. Rubins berichtet eine köstliche kleine Anekdote, die ein Licht auf die Art und Weise wirft, wie die freundliche, aber stets reservierte Karen Horney bei ihrer Umwelt ankam: „Unter den analytischen Studenten war es ein etablierter Witz, daß sie diejenigen erkennen könnten, die bei Karen in Analyse waren: Sie hatten einen besonderen Tick, so als sammelten sie ständig unsichtbare Insekten von ihren Kleidern. Wenn man jedoch genau hinsah, stellte sich heraus, daß die eingebildeten Insekten Katzenhaare von Karens Analytikercouch waren, auf die ihre beiden Katzen sich schlafen zu legen pflegten, solange sie noch warm war vom Körper des Patienten."

Brigitte Horney war inzwischen eine erfolgreiche Schauspielerin geworden; Marianne, die spätere Analytikerin, studierte Medizin; nur die jüngste, Renate, ging noch zur Schule. Karen hatte zwar nie übermäßig viel Rücksicht auf ihre Kinder genommen, doch nun konnte sie mit gutem Gewissen eine neue Lebensphase beginnen. Ihre Verärgerung über die zunehmende Frontenbildung der Psychoanalytischen Gesellschaft gegen die Freud-kritische Freundesgruppe, die aus Karen Horney, Ernst Simmel, Harald Schultz-Hencke und ein paar anderen bestand, trug auch nicht gerade dazu bei, sie in Berlin festzuhalten, zumal der Druck der Nazis auf die Psychoanalyse immer spürbarer wurde. So nahm sie den Auftrag, sich an der Leitung des neu gegründeten Psychoanalytischen Instituts von Chikago zu beteiligen, gerne an.

Die Emigration mag sicher nicht zuletzt eine logische Folge ihrer inneren Entfernung von der linientreuen Psychoanalyse im deutschsprachigen Umfeld des Meisters gewesen sein. Dieter Wyss schreibt zwar in „Die tiefenpsychologischen Schulen von den Anfängen bis zur Gegenwart": „Karen Horney war über 15 Jahre eine treue Schülerin Freuds, wandte sich jedoch dann nach ihrer Übersiedlung in die Vereinigten Staaten radikal von ihm ab."

Doch das stimmt so nicht. Ihre Ablösung hatte mit ihren Theorien über die kulturelle und gesellschaftliche Prägung des in eine patriarchale Ideologie eingebetteten Weiblichkeitsbildes begonnen, und ihre weitere Arbeit gründete sich auf diese Erkenntnis von der großen Bedeutung kultureller Einflüsse auf die Psyche des Individuums. So wandte sie sich auch gegen Freuds Pessimismus, der in seiner Theorie des Todestriebs zum Ausdruck kam. Je mehr sie sich mit kulturanthropologischen Forschungen beschäftigte, desto wahrscheinlicher erschien ihr die absolute Triebgebundenheit menschlicher Destruktivität, die Freud postuliert hatte. 1945 schrieb sie in aller Unmißverständlichkeit: „Freuds Pessimismus in bezug auf Neurosen erwuchs aus den Tiefen seiner Zweifel an menschlicher Güte und menschlichem Wachstum. Nach seiner Theorie ist der Mensch dazu verdammt, zu leiden oder zu zerstören. Die Instinkte, die ihn bewegen, können nur beherrscht oder bestenfalls ‚sublimiert' werden. Ich meinerseits glaube daran, daß der Mensch die Gabe und den Wunsch hat, seine Fähigkeiten zu entwickeln. Und dieser Glaube ist mit meinem tieferen Verständnis immer mehr gewachsen."

Zwei Jahre lang arbeitete Karen Horney mit Franz Alexander in Chikago. Es war kein ungetrübtes Glück. Sie mochte Alexander, aber es kam auch immer wieder zu Kontroversen. Mit der Verpflanzung in eine andere Welt hatte sie weniger Schwierigkeiten als ihre junge Tochter Renate, die vor allem mit der sexuellen Freizügigkeit, mit der sie plötzlich konfrontiert war, nicht zurechtkam. Biograph Rubins weist auf ein bemerkenswertes Detail in der Beziehung Karens zu ihrer jüngsten Tochter hin: „Karen hatte trotz all ihrer Kenntnisse über die sexuelle Entwicklung ihre Tochter nie richtig aufgeklärt ... Vielleicht war Karens Abneigung, über solche Dinge zu sprechen, auch Teil ihrer Reserve in bezug auf persönliche, intime, emotionsbeladene Fragen."

Als Marianne nachkam, um in Chikago weiterzustudieren, wurde die emotionale Situation der Familie ein wenig entlastet. Doch Karen wollte ihren Chikagoer Vertrag, der nach zwei Jahren ablief, nicht erneuern. Ihre dynamische Mentalität verlangte einen Platz für sie, an dem sie sich beruflich besser entfalten konnte. Den sah sie am New Yorker Psychoanalytischen Institut, und im Sommer 1934 begann sie dort als Psychotherapeutin und Lehranalytikerin zu arbeiten. Ihre Entscheidung erwies sich zunächst als richtig. Sie hatte großen Erfolg, und ihre Praxis war innerhalb weniger Monate reichlich gefüllt.

Gleichzeitig lehrte sie neben anderen berühmten Emigranten aus Europa an der Neuen Schule für Sozialforschung der sogenannten „Emigranten-Universität". Dort traf sie mit alten Freunden zusammen – mit Clara Thompson, Harry Stack Sullivan und William Silverberg; mit Erich Fromm, der ebenfalls von Alexander nach Chikago eingeladen worden war, hatte sie schon seit 1933 zusammengearbeitet und war mit ihm zusammen nach New York gekommen. Sie bildeten eine verschworene Gruppe, die sich allwöchentlich im New Yorker „Zodiac Club" traf und mit dem ganzen Elan, den dieser Neuanfang in ihnen freisetzte, neue Ideen ausbrütete. Ihre alte Freundin Rita Hornroth beschrieb die etwa fünfzigjährige Karen Horney: „Sie war wohl von dieser einzigartigen atemlosen, kindlichen, staunenden Qualität, die zumindest den Eindruck höchster Freude am Leben machte ... Für mich war um Karen eine Aura von Erdhaftigkeit, Zeitlosigkeit und Stärke, die eine starke Wirkung ausübte. Ihre Vorliebe für handgefertigte Materialien und Möbel in leuchtenden Farben schien ein vollkommener Ausdruck ihres Selbst zu sein. Es war eine seltsame Mischung von einfachem Geschmack und Schlauheit einer Bäuerin und der hochgezüchteten Differenziertheit der redegewandten Intellektuellen."

Bis 1937 währte diese kreative, aber relativ ruhige Phase, die für Karen Horney eine Art geistiger Schwangerschaft bedeutete. Die Geburt in der Form ihres Buches „Der neurotische Mensch unserer Zeit" beendete schlagartig die Scheinruhe. Die meisten der orthodoxen Analytiker reagierten mit Empörung und erbitterter Ablehnung. Horneys damaliges kulturorientiertes Verständnis von Neurosen gipfelte in dem Satz: „Es scheint, als ob der Mensch, der in Gefahr ist, neurotisch zu werden, die kulturbedingten Schwierigkeiten in besonders starker Form, hauptsächlich durch das Medium seiner Kindheitserfahrung erlebt habe und daß er infolgedessen nicht imstande war, mit ihnen fertig zu werden oder doch nur unter großer Beeinträchtigung seiner Persönlichkeit. Wir könnten ihn ein Stiefkind unserer Kultur nennen."

Sie war die erste, die diese neue Idee von den kulturellen Einflüssen auf die Neurosenbildung laut werden ließ, doch andere folgten ihr bald. Thomas Kiernan schreibt gar: „Bisher ist praktisch jeder Freudsche Schüler oder Dissident, der nach Amerika gekommen ist, von der Idee der sozialen Faktoren beeinflußt worden. Das mag erklären, warum Freud nach seinem einzigen kurzen Besuch im Jahre 1909 niemals nach Amerika zurückkehrte und warum er es sich immer angelegen sein ließ, die amerikanische Lebensweise zu geißeln."

Mit dem Erscheinen ihres nächsten Buches „Neue Wege in der Psychoanalyse" wurde die Lage nicht besser, sondern noch weit gespannter. Denn darin rückte sie grundlegenden Dogmen der klassischen Psychoanalyse vehement zu Leibe. Sie wollte nicht mehr und nicht weniger, als daß die Psychoanalyse über ihre konservativen Grenzen hinauswachsen solle, in denen sie bis dahin durch ihre Reduktion auf eine Psychologie der Triebe gefangen war. Alle Schwierigkeiten als Wiederholung von Kindheitsproblemen zu sehen, erschien ihrem weit ausgreifenden und nicht zuletzt auch mit viel intuitivem Verständnis gesegneten Geist entschieden zu kleinkariert. So schrieb sie: „Wenn wir diese einseitige Betonung des Genetischen aufgeben, erkennen wir, daß die Beziehung zwischen späteren Eigentümlichkeiten und frühen Erlebnissen komplizierter sind, als Freud annimmt; es gibt nicht so etwas wie eine isolierte Wiederholung isolierter Erlebnisse, sondern die Gesamtheit der infantilen Erlebnisse trägt zur Formung einer bestimmten charakterlichen Struktur bei, und aus eben dieser Struktur erwachsen spätere Schwierigkeiten."

Die Freudsche These, ein Patient sei so lange nicht geheilt, wie nicht jegliche Kindheitsperioden aufgehellt worden seien, kommentierte Karen Horney mit einer Anekdote aus ihrer Praxis, die bei orthodoxen Freudianern sicher nicht gut ankam: „Ich möchte hier eine kleine Geschichte erzählen, die, wenn auch karikiert, diese Denkungsweise illustriert. Ein amerikanisches Mädchen, das im Ausland analysiert worden war, kam zu mir mit dem Wunsch, ihre Analyse fortzusetzen. Ich fragte, warum sie das wollte, und erwartete zu erfahren, welche Schwierigkeiten es in ihrem jetzigen Leben gab und welche Symptome noch bestanden. Als Grund gab sie jedoch an, daß noch ein Gedächtnisschwund für die ersten fünf Jahre ihres Lebens bestand. So wird häufig angenommen, die Wiederbelebung von Erinnerungen aus der Kindheit sei ein Selbstzweck."

Die Empörung der orthodoxen Analytiker über so viel wissenschaftliche Nestbeschmutzung führte schließlich dazu, daß ihr die Stellung als Lehranalytikerin am Psychoanalytischen Institut gekündigt wurde. 1941 trat sie nicht nur aus dem Institut, sondern auch gleich aus den führenden Standesorganisationen der Psychoanalytiker aus, begleitet von einer Reihe von Kollegen, wie zum Beispiel von ihrer Freundin Clara Thompson, die seit 1933 ebenfalls am New Yorker Institut gelehrt und sich ebenfalls ausführlich mit dem Thema „weibliche Psychologie" befaßt hatte. Zusammen mit Clara Thompson, Sarah Kelman und zwei männlichen Kollegen gründete Karen Horney 1941 in New York eine eigene „Gesellschaft zur Förderung der Psychoanalyse", die bald darauf mit der Herausgabe des „American Journal of Psychoanalysis" begann, und ein eigenes Ausbildungsinstitut, das „American Institute for Psychoanalysis".

Sie hatten weder Geld noch das nötige Renommee, um Geldgeber anzuziehen, aber dennoch schafften sie es. Nach einiger Zeit kamen noch Erich Fromm, William Silverberg und Harold Kelman dazu, und gemeinsam brachten sie das Institut bald zum Florieren – nicht zuletzt dank dem Troß von Studenten, die sich, ihrem Beispiel folgend, ebenfalls vom orthodoxen Psychoanalytischen Institut abgeseilt hatten.

Thomas Kiernan sieht den Schwerpunkt in der Abgrenzung Horneys von Freud in den Erfahrungen, die sie speziell in der amerikanischen Gesellschaft machte: „Als sie 1932 aus Deutschland in die Vereinigten Staaten auswanderte, fiel ihr auf, wie unterschiedlich die beiden Gesellschaften waren, und sie begann, sich mehr auf die kulturellen Faktoren bei der Persönlichkeitsbildung und der Neurosenentstehung zu konzentrieren. Die amerikanische Gesellschaft war bereits stark von Zwängen geprägt und auf Leistung ausgerichtet; ihr als Außenseiterin schien es, daß diese Zwänge und Belastungen bei den psychischen Schwierigkeiten der Amerikaner eine Rolle spielten – zumindest bei denjenigen, die sie behandelte. Schließlich lehnte sie Freuds Standpunkt ab, der nicht einzusehen vermochte, welchen entscheidenden Einfluß die Gesellschaft auf die Prägung der Persönlichkeit ausübt."

Ein abweichender Standpunkt, der einige gute Argumente auf seiner Seite hat, kann zu Einseitigkeit verführen. So erging es auch Karen Horney: die Notwendigkeit, sich abzugrenzen, drängte sie zunächst in das Extrem, Neurosen ausschließlich nur als Störungen der sozialen Beziehungen zu definieren. Doch änderte sie ihre Meinung mit der Zeit und räumte schließlich ein, daß auch Störungen innerhalb der Psyche für eine Neurose verantwortlich sein können. Obwohl man diese Flexibilität positiv werten kann, beweist sie doch eine erfreuliche Offenheit und Freiheit des Denkens, mußte sie Kritik von allen Seiten hinnehmen. Die orthodoxen Analytiker warfen ihr wegen ihres mutigen Konzepts von der Kulturbedingtheit der Neurosen Oberflächlichkeit vor, während sie in den Augen von Neuerern wie Erich Fromm wiederum nicht weit genug in diese Richtung ging. Erich Fromm gehörte zu Karens ältesten und engsten Freunden. Doch war auf beiden Seiten auch viel untergründige Rivalität im Spiel, die dazu führte, daß Fromm nach kaum zwei Jahren der Zusammenarbeit eine Palastrevolution einleitete und sich zusammen mit Sullivan und Clara Thompson von ihrem Institut trennte und ein eigenes psychiatrisches Institut gründete.

So einschneidend dieser Bruch war – sonderlich berührt schien sie nicht davon. Rubins reflektiert diese wiederkehrende Eigenheit Karen Horneys: „Sie konnte Freunde wegen irgendeiner Kränkung fallenlassen, ohne Gewissensbisse oder Bedauern und ohne zurückzublicken. Einige bezeichneten sie als wetterwendisch in ihren Freundschaften. Vielleicht war diese Tendenz ein noch übriggebliebener neurotischer Abwehrzug."

Es gab auch weiterhin viel Unruhe in ihrem Institut, die Austritte häuften sich. Tochter Marianne, inzwischen ausgebildete Analytikerin und frisch verheiratet, weigerte sich zum großen Ärger ihrer Mutter, sich dem Institut anzuschließen. Erst nach dem Krieg entwickelte sich in den USA ein vehementes Interesse für Psychoanalyse, und das Institut vergrößerte sich rapide.

Karen Horney war eine Frau, der man das Altern kaum anmerkte. In den vierziger Jahren arbeitete sie immer noch mit der für sie typischen Dynamik; sie schrieb, hielt Kurse und Vorträge, malte und reiste. 1950 erschien ihr letztes Buch „Neurose und menschliches Wachstum" – von den klassischen Freudianern ignoriert, von den fortschrittlichen größtenteils bejubelt. Die Kritiker stießen sich vor allem an ihrem Versuch, eine größere Dimension des Menschlichen in ihr psychologisches Bild mit einzubeziehen, in dem ihr spät erwachtes Interesse an einer spirituellen Orientierung spürbar wird. So hieß es etwa in einer Kritik: „Ihre Konzeption des ‚wahren Selbst' ist vage, und wenn nicht vage, dann einfach metaphysisch oder schlichtweg falsch."

In diesem letzten Buch hat Karen Horney ihre psychoanalytische Theorie noch einmal – ein viertes Mal – modifiziert. Sie hatte nie das Gefühl, bei einer Überzeugung stehenbleiben zu müssen, sondern war immer bereit zum Weiterlernen und Weiterdenken.

Vielleicht wird man Karen Horneys Lebenswerk am ehesten gerecht, wenn man sich vor Augen hält, wie früh und ausdrücklich sie sich ihrer Weiblichkeit bewußt wurde – und damit auch eines grundlegenden Andersseins im Verhältnis zu ihren überwiegend männlichen Kollegen. Sie durchschaute wie keine andere der Pionierinnen der Psychoanalyse die Stereotypien typisch männlicher Denkweisen – Freuds Kulturpessimismus, Adlers Tendenz zur Rationalisierung, die Abstrahierungswut und Theoriensucht der frühen Analytiker. Sie gestattete es sich, in einer weiblicheren – und das heißt wohl erbarmungsvolleren – Weise zu denken: Sie war zutiefst von der menschlichen Möglichkeit zur Selbstverwirklichung, zu Autonomie und Kreativität überzeugt. Ihr humanes Credo lautete: „Ich glaube daran, daß ein Mensch sich ändern kann, solange er lebt."

Mit ihren Vorstellungen von der Neurose veränderte sich in ihren späteren Jahren auch ihr therapeutisches Konzept. Therapie diente nun nicht mehr nur zur sozialen Anpassung, sondern wurde mehr und mehr zu einer Art Nacherziehung des Patienten, um sein neurotisches Ersatz-Ich aufzulösen und sein reales Selbst herauszuarbeiten. Kiernan schreibt dazu: „Die ersten Stadien der Therapie sind für den Patienten ein desillusionierender Prozeß ... Auf den Prozeß des Abbaus folgt ein realistischerer Wiederaufbau der konstruktiven Kräfte seines realen Selbst unter der Anleitung des Analytikers. Während der Analytiker beim Niederreißen des falschen Ebenbilds des Patienten grob, unnachgiebig, sogar grausam sein mußte, wird er freundlich, aufmunternd und hilfreich sein, wenn er den Patienten anleitet, sein reales Selbst zu akzeptieren."

Die Horneysche Therapie dauert üblicherweise nicht halb so lang wie eine orthodoxe Analyse, und sie ist bei weitem nicht so teuer. Karen begann damit, das Honorar an der Zahlungsfähigkeit des Patienten zu bemessen, und es wurde Tradition, Patienten auch dann anzunehmen, wenn sie wenig oder gar nichts bezahlen konnten. So wird auch heute noch in der

New Yorker Karen-Horney-Klinik verfahren, die 1955, drei Jahre nach ihrem Tod, von ihren Mitarbeitern gegründet wurde.

1951 begann Karen Horneys letzte intensive Freundschaft in ihrem an Freundschaften nicht armen Leben – und es war gewiß die seltsamste von allen. Der kleine alte Zen-Lehrer aus Japan, Teitaro Suzuki, der häufig die Vereinigten Staaten bereiste, brachte ihr das buddhistische Denken nahe, und ihr großzügiger Geist ließ sich gerne auf eine vergleichende Betrachtung ein. Einer von Suzukis Aphorismen gefiel ihr ganz besonders: „Leben ist nicht ein Problem, das gelöst werden muß, sondern eine Erfahrung, die realisiert werden muß."

Und sie ergänzte von nun an ihre Ausführungen gegen Pessimismus und Resignation mit dem triumphierenden Hinweis: „Die östlichen Philosophien (haben) immer an die Entwicklung der geistigen Kräfte des Menschen geglaubt. Sie haben die Entwicklung dieser Kräfte gesehen, sobald der Mensch aufhört, seine Natur zu verletzen."

Im Sommer 1952, ein halbes Jahr vor ihrem Tod, unternahm Karen Horney ihre lang geplante vierwöchige Japanreise. Biograph Rubens vermutet: „Es war der Höhepunkt ihres Lebens, vielleicht sogar das Ende ihrer Suche."

Sie liebte Japan auf den ersten Blick, und sie war fasziniert von der Praxis der Meditation, von „Satori", dem spontanen Aufblitzen der Einsicht, und von der Disziplin der Zen-Mönche in den Klöstern. Ihr letzter öffentlicher Vortrag nach ihrer Rückkehr in die Vereinigten Staaten war der Darstellung der japanisch-buddhistischen Geisteshaltung gewidmet. Rubins berichtet von ihren Ausführungen über die heilsame Beziehung zur Natur, zu der sie ihre Japan-Erfahrungen angeregt hatten: „Die Nähe zur Natur kann die Entfremdung vom Selbst, die im Westen in viel stärkerem Ausmaß vorhanden ist, verhindern oder erleichtern. Unsere Betonung des Intellekts und unsere Mißachtung des Körpers machen es uns schwer, unsere wahren Gefühle kennenzulernen und unserer inneren Leere ins Gesicht zu sehen. Dieser Schritt ist eine Vorbedingung zur Selbstverwirklichung. In Japan, wo der Intellekt weniger betont wird, machen es die Gewohnheit der Meditation und die Selbstdisziplin leichter, die eigene Leere zu akzeptieren."

Im Herbst begann Karen heftig abzumagern; Schmerzen, die sie schon lange plagten, hatte sie stets verschwiegen. Sie blieb aktiv und kommunikativ und genoß das Zusammensein mit ihren Freunden Suzuki, Paul Tillich und Erich Maria Remarque. Das Ende kam recht schnell: Primärkrebs der Gallenwege und Leber wurde diagnostiziert, mit einer weiteren Ausbreitung auf die Lunge. Karen erholte sich kurzfristig, las, diskutierte, dachte nach. Rubins hat den jungen Arzt, der sie behandelte, über ihre letzten Tage befragt: „Was sie selbst anging, so schien sie fröhlich und heiter. Am dritten Tag wußte sie, daß sie im Sterben lag ... Aber sie schien weder Trauer noch Bitterkeit oder Verzweiflung zu empfinden. Am fünften Tag war allen klar, daß ihr Zustand hoffnungslos war. Es ging rasch mit ihr bergab ... Zwei Tage vor ihrem Tod flüsterte sie Gertrude und Norman Kelman zu, daß sie zufrieden sei, davonzugehen."

Karen Horney starb am 4. Dezember 1952 im Alter von 67 Jahren in New York. Noch in ihrem Todesjahr schrieb sie drei Artikel für das „American Journal of Psychoanalysis".

Zen-Lehrer Suzuki sagte an ihrem Grab mit Tränen in den Augen zu einem Freund: „Wir haben einen der wunderbarsten Menschen verloren. Sie war noch zu jung, um zu sterben."

Zitierte Literatur

Lou Andreas-Salomé: Lebensrückblick, Frankfurt a. M. 1977.
–: Friedrich Nietzsche in seinen Werken, Frankfurt a. M. 1983.
–: In der Schule bei Freud, Frankfurt a. M. 1983.
–: Fenitschka, Frankfurt a. M.
Detlef Berthelsen: Alltag bei Familie Freud, Hamburg 1987.
Celia Bertin: Die letzte Bonaparte, Freiburg 1989.
Marie Bonaparte: Edgar Poe, Wien 1934.
–: Der Fall Lefebvre. Zur Psychoanalyse einer Mörderin, in: Imago 15, 1929.
Aldo Carotenuto: Tagebuch einer heimlichen Symmetrie, Freiburg 1986.
Anna Freud: Einführung in die Technik der Kinderanalyse, Frankfurt a. M. 1989.
–: Ich und die Abwehrmechanismen, Frankfurt a. M. 1990.
Peter Gay: Freud, Frankfurt a. M. 1989.
Phyllis Großkurth: Melanie Klein, New York 1986.
Karen Horney: Der neurotische Mensch unserer Zeit, München 1964.
–: Die Psychologie der Frau, Frankfurt a. M. 1984.
–: Unsere inneren Konflikte, Frankfurt a. M. 1984.
–: Neue Wege in der Psychoanalyse, München 1977.
–: Neurose und menschliches Wachstum, Frankfurt a. M. 1985.
Ernest Jones: Sigmund Freud – Leben und Werk, Frankfurt a. M. 1969.
Thomas Kiernan: Psychotherapie, Frankfurt a. M. 1976.
Melanie Klein: Fall Richard, München 1975.
–: Psychoanalyse des Kindes, Frankfurt a. M. 1987.
Heinz Frederick Peters: Lou Andreas-Salomé, München 1978.
Uwe Henrik Peters: Anna Freud, Frankfurt a. M. 1984.
Jack L. Rubins: Karen Horney, München 1980.
Wilhelm Salber: Anna Freud mit Selbstzeugnissen und Bilddokumenten, Reinbek 1985.
Sabina Spielrein: Sämtliche Schriften, Freiburg, 1987.
Max Schur: Sigmund Freud, Frankfurt a. M. 1982.
Ursula Welsch / Michaela Wiesner: Lou Andreas-Salomé, München 1988.
Dieter Wyss: Die tiefenpsychologischen Schulen von den Anfängen bis zur Gegenwart, Göttingen 1977.

Spektrum/Frauen – Frauen leben anders

HERDER / SPEKTRUM

Spektrum/Lebenswissen – Einsichten zu den großen Themen des Lebens

HERDER / SPEKTRUM

HERDER / SPEKTRUM